아! 팔레스타인 2

참고 자료

- **문헌 자료**

《가시선인장》, 싸하르 칼리파, 한국외국어대학교출판부, 2005.
《가자에 띄운 편지》, 발레리 제나티, 낭기열라, 2006.
《고대 이스라엘의 발명》, 키스 W. 휘틀럼, 이산, 2003.
《기억과 편견》, 최창모, 책세상, 2004.
《눈물의 땅 팔레스타인》, 김재명, 프로네시스, 2009.
《뜨거운 태양 아래서》, 가산 카나파니, 열림원, 2002.
《라피끄 : 팔레스타인과 나》, 팔레스타인평화연대 엮음, 메이데이, 2008.
《샬롬과 쌀람, 장벽에 가로막힌 평화》, 유재현, 창비, 2008.
《숙명의 트라이앵글》, 노암 촘스키, 이후, 2008.
《아이들아, 평화를 믿어라》, 림 하다드, 아시아네트워크, 2008.
《열한 살의 한잘라》, 나지 알 알리, 시대의창, 2012.
《예루살렘》, 토마스 이디노풀로스, 그린비, 2002.
《우리는 평화를 원하지 않는다》, 로이터통신 엮음, 미래의창, 2002.
《이스라엘 팔레스타인으로 가는 길》, 오가와 히데키, 르네상스, 2004.
《이스라엘–팔레스타인 분쟁의 이미지와 현실》, 노르만 핀켈슈타인, 돌베개, 2004.
《잔인한 이스라엘》, 랄프 쇤만, 미세기, 2003.
《중동의 평화에 중동은 없다》, 노암 촘스키, 북폴리오, 2005.
《팔레스타인 현대사》, 일란 파페, 후마니타스, 2009.
《팔레스타인》, 조 사코, 글논그림밭, 2002.
《팔레스타인에서 온 연인》, 마흐무드 다르위쉬, 아시아, 2007.
《팔레스타인의 눈물》, 수아드 아미리 외, 아시아, 2006.
《한 뙈기의 땅》, 엘리자베스 레어드, 밝은세상, 2006.
《한겨레 21》, 349 · 351 · 354호.

- **영상 자료**

〈21세기의 게토, 팔레스타인〉, MBC, 2004.
〈가자지구의 덧없는 여름〉, KBS, 2004.
〈가자철수, 샤론의 도박〉, KBS, 2005.
〈내 사랑 빌린〉, 샤이 카멜리 폴라, 2006.
〈눈물과 분노의 체크포인트〉, 요아브 샤미르, 2003.
〈바시르와 왈츠를〉, 아리 폴만, 2008.
〈아나의 아이들〉, 줄리아노 메르 카미스, 다니엘 다니엘, 2003.
〈와디, 다리를 건너〉, 토머스 헤이만 · 바락 헤이만, 2006.
〈장벽 그리고 이산〉, MBC, 2007.
〈장벽(The Wall)〉, KBS, 2005.
〈천국을 향하여〉, 하니 아부아사드, 2005.

아! 팔레스타인 2

1판 1쇄 발행_ 2023년 2월 10일 • 1판 2쇄 발행_ 2024년 11월 20일 • 지은이_ 원혜진 • 펴낸곳_ 바이북스 • 펴낸이_ 윤옥초 • 편집팀_ 김태윤 • 디자인팀_ 이민영, 이정은 • ISBN_ 979-11-5877-335-9 07910 • 등록_ 2005. 7. 12 | 제 313-2005-000148호 • 서울시 영등포구 선유로49길 23 아이에스비즈타워2차 1005호 • 편집 02)333-0812 • 마케팅 02) 333-9918 • 팩스 02) 333-9960 • 이메일 bybooks85@gmail.com • 블로그 https://blog.naver.com/bybooks85 • 저작권자 ⓒ 원혜진 • 저작권자와 맺은 특약에 따라 검인을 생략합니다. 이 책은 저작권자와 바이북스의 독점 계약에 의해 출간되었으므로 무단전재와 무단복제를 금합니다. 2013년 여우고개 출판사에 출간된 《아! 팔레스타인》을 판형과 내용 일부를 수정하여 바이북스 출판사에서 재발간합니다. • 책값은 뒤표지에 있습니다.

만화로 보는 팔레스타인 역사

아! 팔레스타인 2

원혜진 지음 | 팔레스타인평화연대 감수

바이북스
ByBooks

추천의글

많은 사람이 이 책을 읽었으면 좋겠다

중동… 세계의 화약고, 테러, 보복 테러, 폭격…
팔레스타인, 머나먼 땅, 그러나 늘 귓가에 맴도는 가까운 이야기.
계속되는 분쟁, 분쟁, 분쟁… 이제는 그 스토리가 어떻게 꼬여버렸는지
모를 정도로 엉키어버린 팔레스타인.
이제 그만 해결될 때도 되었건만, 이제 지칠 때도 되었건만,
그간의 고통으로도 모자란단 말인지.
배 속의 아이가 총을 들고 복수를 다짐하는 끊이지 않는 증오…
팔레스타인, 팔레스타인, 팔레스타인의 이야기.
누구도 모르는 사람이 없으면서 누구도 제대로 아는 사람이 없는 이야기.
팔레스타인.

나는 드디어 그 이야기 속으로 들어가는 행운을 누렸다.
그것도 조근조근 쉽고 재미나게 그 얽히고설킨 실타래를 풀어갔다.
바로 이 책 《아! 팔레스타인》의 칸과 칸을 건너가면서.
이 '만화'라는 마술에 걸려 천대, 차별, 학살, 저항의 고통스런 여정을 줄곧 쫓아 왔다.
그리고 책을 덮으면서 나는 신음처럼 내뱉었다.
"아! 팔레스타인!"이라고.

책을 덮고 나니 이제 보인다. 팔레스타인이.
그리고 느껴진다. 마치 오랫동안 같이 살아왔던 이웃처럼.
그러면서 이 실타래를 어떻게 풀어야 할지 생각하게 된다.
그 모든 것을 온전히 이해하지 못했다 하더라도,
완벽한 해결점을 찾지 못했다 하더라도,
그들의 심장을 같이 느낄 수 있는 것만으로도 내겐 값지다.
쉽진 않지만 그것을 풀어낼 수 있는 지혜와 힘이 인류에게 있다는 믿음도 생긴다.

귀한 책이다. 그리고 자랑스런 책이다.
신기하게도 그렇게 늘 걱정하는 그 팔레스타인에 대한 책이 한국엔 거의 없다.
그래서 저자 원혜진은 팔레스타인에 대한 가슴 아픈 공감을 안고
4년에 걸쳐 작품을 그려낸 것이다.
그리고 반갑게도 그는 나와 함께 공부했던 제자이기도 하다.
그래서 더욱 사랑스럽다.

출판사에도 감사한다.
이 책이 아니었다면 나는 팔레스타인에 대해 확실히 모르면서도
마치 알고 있는 듯한 착각 속에 살다가 그런 채로 죽게 됐을지 모르기 때문이다.

많은 사람이 이 책을 읽었으면 좋겠다.

2012년 11월
박재동(만화가 · 한국예술종합학교 교수)

추천의글

팔레스타인, 혹은 우리 세계의 현주소

이 글을 쓰기 앞서, 유대인으로서 나의 친척을 포함한 동족들이 팔레스타인에 가서 벌이는 만행에 미안하기부터 하다. 2012년 11월 19일 현재, 지금 이 순간에도 커다란 수용소 같기만 한 가자 지구에 이스라엘의 미사일이 계속 떨어지고 있다. 한 명의 '우월한 백인' 침략자의 사망에 30~40명의 '원주민'이 불문곡직 죽어야 한다는 100~150년 전 제국주의 전성기의 법칙은 지금 '약속의 땅', 팔레스타인에서도 유효한 셈이다. 당시 유럽 침략자들이 식민지를 약탈하기 위한 명분은 '민주주의 등 근대 문명으로 나아갈 수 없는 원주민의 진보 능력 부족'이었다. 지금 이스라엘의 파멸적인 공격을 당하고 있는 가자 지구는 일찍이 2006년, 그 당시로서 아랍 세계에서 보기 드문 민주적인 선거를 진행했다. 단, 이 선거에서 당선된 급진적인 하마스 정부를, 이스라엘과 광의의 서방 진영은 인정할 수 없었을 뿐이다.

주민들의 민주적 선택이 무시되고, 제국주의를 연상시키는 학살과 탄압이 계속 이루어지는 팔레스타인은, 이 지구상의 커다란 상처다. 자본주의적 국민국가 세계에서 상상할 수 있는 모든 종류의 모순과 잔학성이 팔레스타인에 집중된다. 우선 순전히 '아랍인', '이스라엘 국민이 아닌 자', '점령 지대 주민' 출신이라는 이유로 고문, 살인부터 불심검문 같은 일상적인 모욕까지 온갖 차별과 학대와 수모를 당해야 하는 팔레스타인의 피해 상황은 명백하다. 그러나 가해자인 이스라엘의 '주류' 유대인 집단도 결코 행복하지는 않다. 유대인은 이제 서방 세계에서 보기 어려워진 매우 강경한 징병제를 수용해야 한다. 여성에게까지 현역 복무가 강요되고 있지 않은가. 또한 중동에 살면서도 절대 다수인 중동인에게 '적대적 타자'로 인식된다. 침략자에게 평화란 없으며, 평화 없이 그 어떤 행복도 불가능하다. 그렇다고 해서 영국, 미국 등 열강과의 야합에 익숙해지고 '유대인(만)의 국가'를 요구하는 이스라엘의 주류가 점령한 땅을 내놓아 팔레스타인인에게 국가다운 국가를 허용할 수 있을까? 그럴 수 없다. 민족과 종교를 따지지 않는 하나의 민주적인 혼합 국가 안에서 팔레스타인인과 함께 평등하게 사는 것도 받아들일 수 없다. 노골적인 인종·종교 차별, 주로 아랍인에 대한 탄압을 업으로 삼는 최첨단(?) 경찰국가, 100년 전의 유럽을 능가한 초군사주의, 영구적 전쟁 체제…. 팔레스타인 문제는 진정 자본주의적 근대가 남긴 큰 부끄러움이다.

팔레스타인 사람들이 당하고 있는, 오늘날 세계에서 보기 드문 피해를 생각하면, 팔레스타인에 대한 책을 흑백 위주의 '고발·단죄'류로 쓰기가 매우 쉽다. 지금 이 순간 일어나고 있는 가자 지구에 대한 야만적인 미사일 공격부터 시작해서, 흑백 논리로 갈 만한 악행이 너무나 많고 노골적이기 때문이다. 그러나 이 책의 특기할 점은, 이와 같은 '쉬운 길'을 선택하지 않고 팔레스타인이라는 상처가 생긴 연혁을 매우 자세하고 섬세하게 풀어나간다는 것이다. 유대인이 과연 지금과 같은 전범, 고문 기술자로 '태어난' 것인가? 이 책에서 잘 보여주듯이, 실제로는 유럽의 전통적인 소외 집단인 유대인이야말로 제국주의 전성기에 판친 인종 차별과 폭력의 주된 피해자였다. 단, 유대인 유산 계급 지도자 일부가 이 같은 상황에 대처하기 위한 유일한 방법으로 민족주의, 즉 시온주의를 선택한 과오를 저지르고 만 것이다. 이 과오로 인해 유대인은 종전의 피해자에서 오늘날의 가해자로 '변신'하고 말았다. 그렇다면, 가해자로 변신하지 않고서는 '유대인 문제'를 해결할 방도는 없었을까? 유대계 사회주의, 공산주의 내지 아나키즘 운동가들이 그런 방도의 하나인 탈민족적인 평등한 공동체 건설의 길로 나아갔다. 이 책에서 잘 보여주듯이 1920~1940년대의 팔레스타인에서도 유대인 노동자와 팔레스타인 노동자 사이의 연대 투쟁이 벌어지는 등 민족과 종교를 초월한 계급적 연대의 움직임은 분명히 있었다. 그러나 영국 통치자들과 협력한 대가로 무기를 공급받은 시온주의 지도자들은 계급 본위의 노선에도, 민족적 평등에도 절대 찬성할 수 없었다. 결국 그들이 주도한 이스라엘 건국이 지금까지도 치유될 수 없는 상처, 끝이 보이지 않는 비극의 씨앗을 낳았다.

　이 책을 읽다 보면 '민족', '혈통' 위주의 집단의식이 어떤 파멸적인 결과를 낳을 수 있는지 새삼스레 깨닫게 된다. 그러한 의미에서 《아! 팔레스타인》을 '한국적' 입장에서 읽기를 권장한다. 이스라엘도 처음부터 '유대인(만)의 국가'로 개념화됐지만, 대한민국도 분명 '한민족의 국가'다. 탈북자나 조선족을 차별하는 현상에서 보듯이 한민족 안에서도 위계질서가 존재한다. '한민족'에 속하지 않는 이는 대한민국에서 영원한 비주류일 수밖에 없다. 한국관광공사 사장 이참처럼 (고학력 중산층 백인 출신이라면) 대접받는 비주류일 수도 있지만, 절대 다수가 가난한 아시아 국가 출신인 비(非)한민족계 한국인이 받아야 하는 대우는 영원한 차별일 뿐이다. 이러한 현실에서 우리도 이스라엘 역사에서 타산지석으로 삼아야 할 부분이 있지 않을까? 한국 기업과 아시아 노동자들과의 관계를 생각한다면 피해자에서 가해자로 변신한 것은 비단 이스라엘의 유대인만도 아닐 것이다. 이와 같은 사정을 염두에 두고 이 책을 "지금, 여기에서" 꼼꼼히 읽어볼 가치가 있다.

2012년 11월
박노자(Vladimir Tikhonov, 오슬로 대학교 교수, 노르웨이)

개정판을 내면서

팔레스타인의 올리브나무처럼

《아! 팔레스타인》 1, 2권을 작업하는 동안 나는 늘 악몽에 시달렸다. 고통스럽던 5년간의 작업을 끝내고 책을 출간하면 그 악몽이 끝날 줄만 알았다. 하지만 변한 건 없었다. 나의 악몽도, 팔레스타인의 상황도.

책을 완간한 2013년 가을, 나는 팔레스타인행 비행기에 올랐다. 직접 경험하지 않고 팔레스타인 역사를 서술한 것에 대한 부채 의식을 털어내고 싶었다. 이스라엘 벤구리온 공항을 거쳐 팔레스타인의 수도 라말라에 도착했을 때 머릿속에 그렸던 팔레스타인을 비로소 온몸으로 마주할 수 있었다. 사진과 영상으로만 보았던 황톳빛과 회색의 땅이, 이방인들에게 아낌없는 환대를 해준 사람들이, 하루 다섯 번 예배를 알리는 모스크에서 흘러나오는 아잔의 선율이, 모든 먹거리를 지배하는 특유의 향신료 냄새가 낯설지 않았다. 하긴 5년 동안 팔레스타인만 쫓았으니.

함께 여행길에 오른 '팔레스타인평화연대' 활동가들과 한국말을 유창하게 하는 패트릭 신부님 덕에 다양한 계층의 사람들을 만나면서 서안지구 곳곳을 둘러볼 수 있었다. 거대한 감옥을 연상케 하는 분리장벽이 끝없어 펼쳐져 있었다.

라말라에서 예루살렘으로 향하던 우리 일행을 태운 버스가 악명 높은 칼란디아 검문소에서 멈추었다. 무장한 이스라엘 군인 둘이 버스에 올랐다. 승객들은 모두 신분증과 통행증 같은 것들을 꺼내 보였다. 군인들이 한 여인에게 총구를 들이밀고 무언가를 더 요구했다. 여인이 신분증과 통행증 외 서류 같은 것들을 보여주었지만 군인들이 원하는 게 아니었는지 여인을 버스에서 강제로 끌어 내렸다. 차창 밖으로 무장한 군인들에 둘러싸여 공포에 떨며 울고 있던 작은 여인과 어떠한 항의도 할 수 없는 고개 숙인 승객들과 버스 안의 정적이 내 기억 속에서 지워지지 않는다.

10년째 매주 시위를 하고 있다는 '쿠푸리깟둠'을 방문했을 때였다.
우리 일행은 유난히 이곳저곳 부서지고 불에 그을린 집을 보았고 그 집에 방문해서 집안 사정을 들을 수 있었다. 이스라엘군이 집을 불도저로 밀어버리고, 올리브 농장을 불태우고, 집안으로 최루탄을 쏘아 기르던 가축들을 모두 죽였다고 했다. 비단 이 집만의 문제가 아니었다. 10년째 최루탄을 머금고 있는 이 마을에서는 때로는 총에 맞아 이웃이 죽고, 집회에서 돌을 던졌다는 이유로 어린아이가 감옥에 갔다고 했다.

이야기를 들려주던 장녀 마리암에게 나는 약속을 했다. 당신들의 이야기를 한국에 돌아가 꼭 전하겠다고 말이다. 그 약속은 2021년 《필리스트; 끝나지 않은 팔레스타인 이야기》를 출간하면서 지킬 수 있었다. 마리암의 가족과 인사하고 무거운 발걸음으로 길을 나서는데 나이 드신 마리암의 어머니가 저 멀리서 불편한 다리로 우리를 쫓아오고 있었다. 2리터 페트병 2개를 가슴에 품고서. 직접 짠 올리브유를 선물로 주시면서 노인은 눈물을 훔쳤다. 자신들을 기억해달라고….

연신 웰컴을 외치며 사탕을 손에 꼭 쥐어주던 제닌 시장에서 만난 어느 노숙인과 차 한잔 마시면서 쉬었다 가라던 염소와 양을 치던 베두인 할아버지, 한국인을 만났다는 이유로 꺅꺅거리면서 정말 행복해하던 지드래곤과 이홍기의 소녀 팬, 언젠가 돌아갈 고향집의 낡은 열쇠를 보여주며 눈은 울고 입은 웃던 난민촌 할아버지까지.
나의 첫 팔레스타인 여정은 수많은 사람들과의 만남이었고, 이 인연은 우연하게도 팔레스타인 방송 출연까지 이어졌다. 담당 PD는 팔레스타인에 관심을 갖고 자신들의 역사와 이야기를 책으로 담아낸 것에 감격해했다.
팔레스타인에서 만난 이들은 모두가 하나같이 환한 미소로 우리를 맞아주면서 슬

픈 눈으로 이야기를 했다. 그러면서 팔레스타인의 현실이 왜곡되지 않고 온전히 다른 이들에게 전해지길 간절히 바랐다. 그리고 그들은 이야기했다. 계속 당신들 땅에서 버텨내겠다고. 팔레스타인 땅과 한 몸이 되어버린 수천 년을 살아낸 올리브나무처럼.

2023년 1월
원혜진

추천의 글　박재동·박노자 | 4
개정판을 내면서 | 9
프롤로그 | 15

1. 평화 협정, 그리고 다시 드는 항쟁의 깃발

오슬로 협정 | 24
2차 인티파다(알아크사 민중 항쟁) | 33

2. 절망의 끝에 선 마지막 선택

자살 폭탄 공격 | 40
샤론의 방패 작전 | 46
공습을 거부한 이스라엘 조종사들 | 51

3. 팔레스타인 지도자들의 죽음

팔레스타인의 정신적 지도자 아메드 야신 | 56
야신의 뒤를 이은 란티시 | 61
아라파트, 의문의 죽음 | 64

4. 거대한 감옥 - 고립 장벽

21세기 게토, 고립 장벽 | 70
하늘 뚫린 감옥 | 73
장벽을 반대하는 목소리 | 77

5. 샤론의 도박 - 가자 철수

2005년 샤론의 가자 철수 | 82

6. 하마스, 총선에서 승리하다

팔레스타인의 두 번째 총선 | 88
하마스를 지지한 대가 1 - 가자 공습 | 93
하마스를 지지한 대가 2 - 팔레스타인 내전 | 95
하마스를 지지한 대가 3 - 경제 봉쇄 | 98

7. 이스라엘의 레바논 침공

혼란스러운 레바논, 내전을 겪다(1975~1990) | 102
레바논 침공 | 106

8. 가자 학살(2008~2009)

또다시 가자 침공 | 114
이스라엘의 속셈 | 116
가자의 눈물 | 118
분노하며 일어서는 사람들 | 124

9. 팔레스타인 - 이스라엘을 바라보는 세계의 눈

이스라엘의 끈적끈적한 파트너, 미국 | 133
유럽의 침묵 | 139
대한민국의 이스라엘 찬양 | 142
아랍의 목소리, 알자지라 방송 | 146

10. 팔레스타인에서 산다는 것

검문소(체크 포인트) | 155
점령촌과 점령민 | 157
체포와 수감 | 163
땅과 함께 도둑질당한 물 | 167
식민 지배가 불러온 경제 종속 | 170

11. 팔레스타인에 평화는 오는가 | 173

[초판] 작가의 말 | 182
감수자의 글 | 190

일러두기
- 이 책에 인용된 성서 구절은 《공동번역성서》에서 발췌했습니다.
- 이 책에 사용된 사진과 자료는 출처 및 저작권을 확인하고 정상적인 절차를 밟아 사용했습니다. 일부 누락된 부분은 확인 과정을 거쳐 반영하겠습니다.

* UNRWA, 유엔 팔레스타인 난민구제사업기구

만화로 보는 팔레스타인 역사

아! 팔레스타인

* 팔레스타인인의 반이스라엘 저항 운동

1. 평화 협정, 그리고 다시 드는 항쟁의 깃발

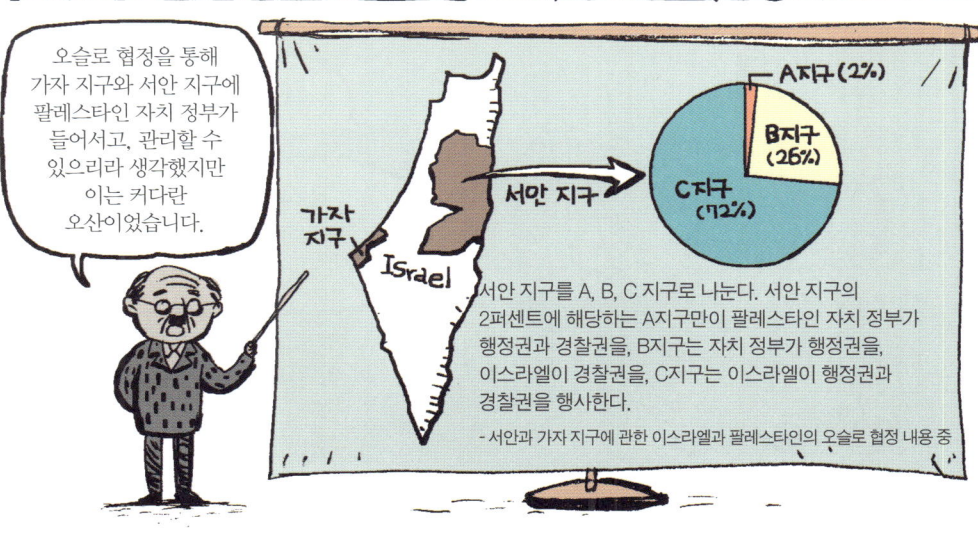

1. 평화 협정. 그리고 다시 드는 항쟁의 깃발

1. 평화 협정, 그리고 다시 드는 항쟁의 깃발

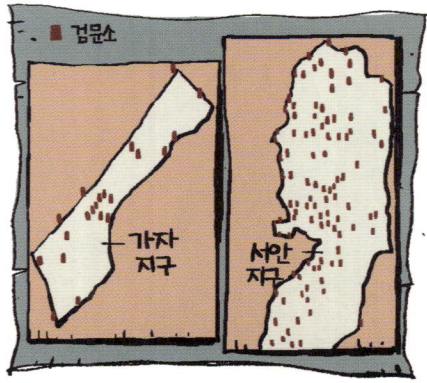

1. 평화 협정, 그리고 다시 드는 항쟁의 깃발

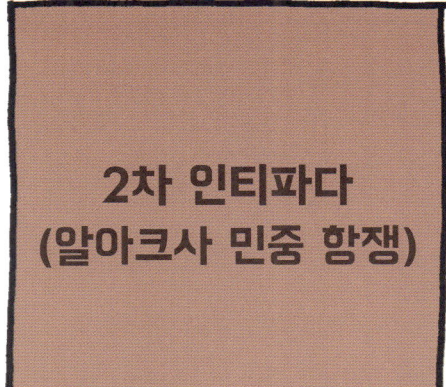

예루살렘은 이스라엘과 팔레스타인이 서로 양보할 수 없는 절대적인 성지입니다.

1947년 11월에 열린 유엔 총회는 팔레스타인 분할안(유엔 결의안 181호)에서 예루살렘을 이스라엘과 팔레스타인 어느 쪽에도 속하지 않은 '독립적인 실체'로서 유엔 신탁 통치 아래 중립성이 보장되는 도시로 규정했다.
그러나 이스라엘은 1948년 1차 중동전쟁으로 예루살렘의 절반을 차지했고, 1967년 6일전쟁에서 승리하며 요르단이 장악하고 있던 동예루살렘마저 점령했다.

샤론이 방문한 다음 날, 사람들이 기도를 끝내고 알아크사 사원을 나와보니

1,000여 명에 달하는 대규모의 경찰과 병력이 주둔해 있었다.

이 같은 상황에 분노한 몇몇이 돌멩이를 던지자

침략자는 신성한 예루살렘에서 떠나라!

샤론은 물러가라!

이스라엘군과 국경 수비대가 즉각 발포하여 팔레스타인 사람 13명이 사망하고 200여 명이 부상당하는 사건이 벌어졌다..

2000년 9월 30일, 중고차 시장에 다녀오던 아버지 자말 알두라와 아들 라미.

이들은 집으로 향하던 중에 팔레스타인 시위대를 진압하던 이스라엘군과 마주쳤다.

아버지는 아이가 있으니 쏘지 말라고, 이스라엘군을 향해 외쳤지만

이스라엘군은 무차별 사격을 가하고 말았다.

아버지 자말 알두라는 가까스로 목숨을 건졌으나 아들 라미는 아버지 품에서 숨을 거두었다.

이 모습이 현장에 있던 프랑스 2TV 기자를 통해 전 세계로 방송되자

"어떻게 이런 일이!"

1. 평화 협정, 그리고 다시 드는 항쟁의 깃발

2. 절망의 끝에 선 마지막 선택

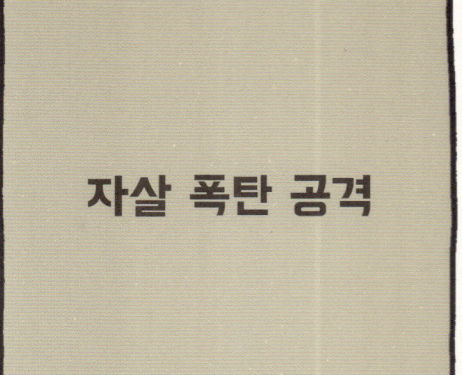

우릴 괴롭히던 이들도 자신들이 괴로울 수 있다는 사실을 똑똑히 알아야 해요. 저의 이 메시지를 저들에게 전할 방법은 순교뿐인데,

저들은 마치 자신들이 희생자인 듯 세계를 향해 떠들고 있어요. 어떻게 점령자가 희생자가 될 수 있죠?

안 돼! 자이드!

이스라엘이 희생자 역을 맡겠다면, 진짜 희생자는 살인자가 될 수밖에 없지요.

할레드의 절규를 뒤로한 채, 자이드는 이스라엘 군인들이 탄 버스에 오른다.

〈천국을 향하여〉

이스라엘 국적의 팔레스타인인 하니 아부 아사드 감독은 이 영화에서 이스라엘에 삶의 터전을 빼앗기고 빈곤 속에서 미래에 대한 희망 없이 살아가는 팔레스타인의 청년들을 이야기했다.
죽음과 같은 삶을 살기보다 영웅적인 죽음을 택해 천국으로 가고자 했던 그들의 이야기를….

나, 이 영화 봤어. TV에서 방영했어.

나도 극장에서 봤어.

정말 가슴 아프다.

2. 절망의 끝에 선 마지막 선택

이스라엘이 계속 점령촌을 확대하고 경제를 봉쇄해 팔레스타인을 절망의 절벽으로 밀어붙인 결과 그들이 선택한 마지막 저항의 방법은 자살 폭탄 공격이었다.

팔레스타인의 자살 폭탄 공격은 1994년에 처음 발생했다.

1993년 오슬로 협정의 환호도 잠시였습니다. 압도적인 군사력을 앞세운 이스라엘에 팔레스타인인은 강요된 삶을 살아야 했죠.

유대인인 타냐 레인하르트 교수도 "지금과 같은 점령 정책이 계속되는 한 팔레스타인의 절망적인 인간 폭탄을 막을 수 없다"라고 밝혔습니다.

이스라엘과 세계 주요 언론은 '자살 폭탄 공격'과 '이슬람'을 억지로 연결해 선전한다.

이슬람의 폭력성이 자살 폭탄 테러를 부추기고 있다.

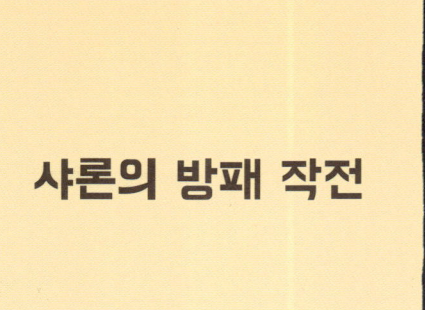

* 이스라엘 민족이 이집트를 탈출한 일을 기념하는 유대교의 축제일

장갑차와 무장 불도저를 앞세운 이스라엘군은 서안 지구의 모든 도시를 쑥대밭으로 만들었다.

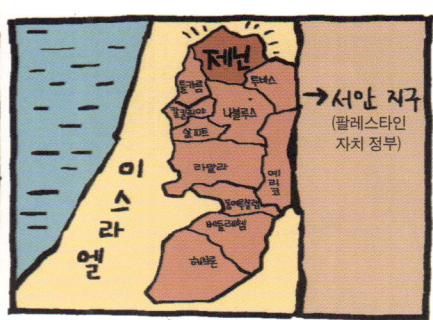

한 달 넘게 계속된 이스라엘의 '방패 작전'에서 공방이 가장 치열했던 곳은 서안 지구 북부의 제닌 난민 캠프였다.

저항이 치열했던 만큼 피해도 커 건물은 폐허가 되었고 무기를 들지 않은 난민도 학살당했다.

영국 일간지 《가디언》은 방패 작전으로 500여 명의 팔레스타인 사람이 사망했다고 전했다.

잔인한 이스라엘!

2차 인티파다는 3년이 지나도록 계속됐고 희생자 역시 불어났다.

국제 인권 기구인 엠네스티 인터내셔널도 조사단을 파견하고 샤론 정권을 비난했다.

사람 목숨이 너무 값싸게 희생되고 있습니다.

이스라엘은 치명적인 무기를 지나치게 사용해서 불법적인 살인을 저지르고 있습니다.

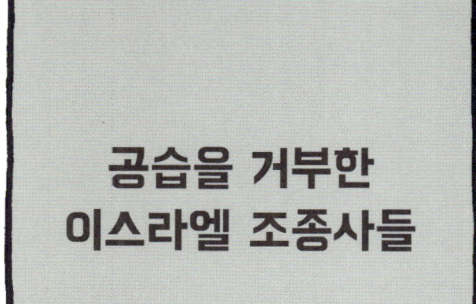

2003년 9월, 이스라엘군에 충격적인 사건이 발생했다.

???

이스라엘 공군 조종사 27명이 팔레스타인 가자 지구 공습을 거부한 것이다.

탄원서

우리는 가자 지구 민간인 공습을 거부한다!

매년 백 수십 명의 이스라엘 젊은이들이 양심적 병역 거부를 선택해

이스라엘 군부가 골머리를 앓는데

팔레스타인 점령은 위법이다.
우린 강제 점령을 위한 군대를 반대한다!

이번엔 이스라엘의 자랑, 엘리트 집단인 공군 조종사가 집단으로 명령을 거부했다는 초유의 사태에 사론은 큰 충격을 받았다.

매국노 같으니라고!

2. 절망의 끝에 선 마지막 선택

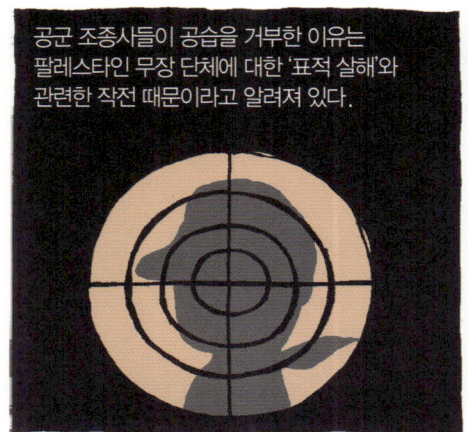

이 과정에서 무고한 팔레스타인 시민이 학살되었던 것이다.

3. 팔레스타인 지도자들의 죽음

팔레스타인의 정신적 지도자 아메드 야신

2004년 3월 22일
슈우우우우우욱

모스크에서 새벽 기도를 마치고 나오던 셰이크 아메드 야신은 미사일 헬기의 조준 사격으로 살해되었다.

수십만 명의 팔레스타인 사람이 거리로 쏟아져 나와 이스라엘을 규탄하고 야신의 죽음을 슬퍼했다.

팔레스타인의 정신적 지도자로 불리던 야신은 1936년 지중해 연안의 알조우라 마을에서 태어났습니다. 1948년 유대인의 공격으로 집을 빼앗긴 야신과 가족은 마을 사람들과 가자 지구 바닷가 숲 속으로 피난을 떠나 고통스러운 어린 시절을 보냈습니다.

수재로 불리던 소년 야신은 15세가 되던 해에 친구들과 달리기 시합 도중 넘어져 하반신이 마비되는 중증 장애인이 되었다.

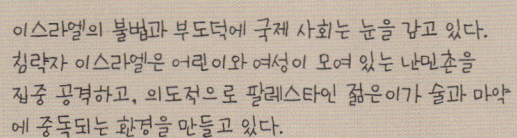

3. 팔레스타인 지도자들의 죽음

야신의 뒤를 이은 란티시

하마스는 야신을 이을 새 지도자로 압둘 아지즈 알란티시를 선출했다.

"제2, 제3의 야신은 계속 나올 것이다!"

소아과 의사 출신으로 야신과 함께 하마스를 창설한 그는 독실한 이슬람교 신자이긴 하지만 종교 지도자였던 야신과 달리 수많은 글을 써온 저술가였다.

란티시는 자신의 인터넷 웹사이트를 운영하는 등 실용주의적 지도자로 평가받았다.

reii**: 란티시 님, 팔레스타인 역사책 좀 추천해주삼.

《아! 팔레스타인》 강추!

1차 인티파다 기간에 이스라엘에 체포돼 2년 6개월 동안 옥고를 치르고 남부 레바논으로 추방된 란티시는 뛰어난 조직술과 인화력으로 하마스 망명 인사들의 대변인 역할을 했다.

1993년 오슬로 협정 체결 이후 가자 지구로 들어온 그는 자치 정부에 세 차례나 체포되기도 했다.

"이스라엘과 자치 정부는 하마스 핵심 인사를 그만 살해하라!"

3. 팔레스타인 지도자들의 죽음

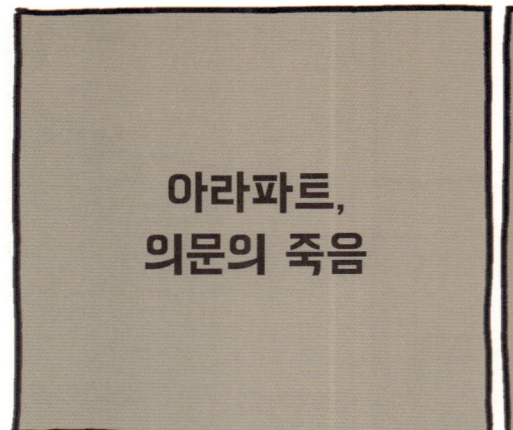

평생을 팔레스타인 해방을 위해 바치며 팔레스타인 해방 운동의 상징이 된 야세르 아라파트.

내 손에서 올리브 가지가 떨어지지 않도록 해주십시오.

1974년 유엔 총회 연설 중

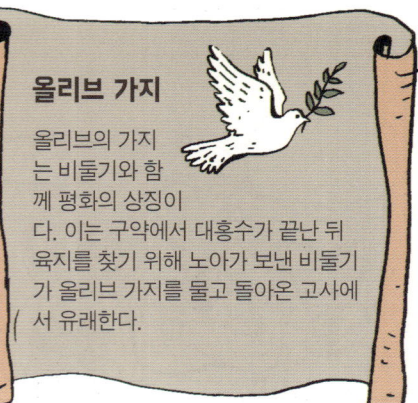

올리브 가지

올리브의 가지는 비둘기와 함께 평화의 상징이다. 이는 구약에서 대홍수가 끝난 뒤 육지를 찾기 위해 노아가 보낸 비둘기가 올리브 가지를 물고 돌아온 고사에서 유래한다.

오늘 나는 올리브 가지와 자유 투사의 권총을 갖고 왔습니다. 내 손에서 올리브 가지를 떨어뜨리지 않게 해주십시오. 다시 말합니다. 내 손에서 올리브 가지를 떨어뜨리지 않게 해주십시오….

야세르 아라파트가 팔레스타인 독립을 외치는 '역사적' 연설을 한 때는 그가 죽기 꼭 30년 전인 1974년 11월 13일이었습니다. 그러나 그가 유엔 총회장을 가득 메운 외교관들을 향한 몸짓으로 두 손을 머리 위로 들어 올려 맞잡았을 때, 허리춤에 찬 권총집은 비어 있었습니다.

아라파트는 개인적으로 안락한 모습을 보인 적이 없었다. 70이 넘은 노인이었지만 3년의 연금 기간 중 부서진 공관 바닥에서 잠을 잤고 함께 있는 동지들의 잠자리까지 챙겼다.

한번은 100달러짜리 부츠를 샀다는 이유로 보좌관을 질책했을 정도로 청렴했다.

우리 팔레스타인 국민의 삶을 살펴봤다면 이런 사치를 부리지 않았을 거야!

그와는 달리 아라파트 측근인 자치 정부 관료들은 각종 부정부패를 저질러 국민을 실망시켰다.

게다가 아라파트의 청빈한 이미지와는 달리 그의 아내와 딸이 프랑스 호텔에 머물며 귀족 생활을 하고 있다고 알려지며 '팔레스타인 영웅', '저항의 상징' 아라파트의 이미지는 큰 타격을 받기도 했다.

조국 팔레스타인에서 열린 아라파트의 장례식에는 수많은 군중이 거리로 쏟아져 나와 운구 행렬에 참여했다.

아라파트는 갔지만 저항은 영원하다!

야세르!

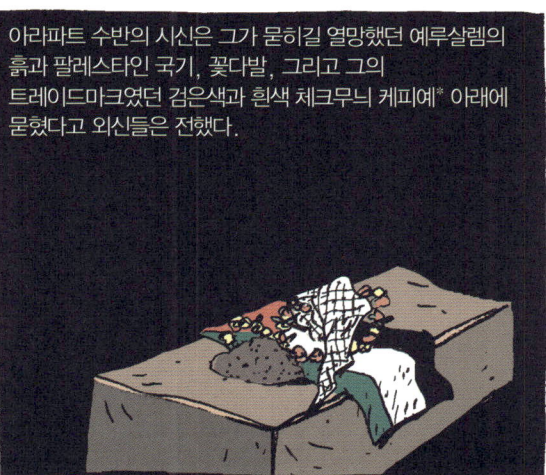
아라파트 수반의 시신은 그가 묻히길 열망했던 예루살렘의 흙과 팔레스타인 국기, 꽃다발, 그리고 그의 트레이드마크였던 검은색과 흰색 체크무늬 케피예* 아래에 묻혔다고 외신들은 전했다.

* 아랍 남자들이 머리에 쓰는 사각형 천

2005년 1월, 아라파트의 뒤를 이어 마무드 아바스가 팔레스타인 수반으로 선출되었다.

아라파트, 야신, 란티시… 2005년 한 해에 팔레스타인은 매우 중요한 지도자들을 잃었네요.

3. 팔레스타인 지도자들의 죽음

미국과 이스라엘이 테러리스트라 일컫는 하마스 지도자들 직업이 교사(야신), 의사(란티시) 출신이라는 점이 참 흥미로워요.

더 흥미로운 사실은 이스라엘의 상징적인 지도자 중엔 테러 단체 출신의 전쟁 영웅이 많다는 거지.

6일전쟁의 영웅 모셰 다얀, 오슬로 협정의 주역이자 노벨상 수상자인 이츠하크 라빈, 악명 높은 샤론 총리까지 모두 군인이면서 과거 유대인 테러 단체 '하가나' 출신입니다.

이집트 사다트 대통령과 함께 노벨평화상을 받고 이스라엘 국민이 가장 존경하는 인물 중 하나인 메나헴 베긴은 '데이르 야신 마을 학살 사건'의 주인공인 '이르군'의 지도자였고요.

4. 거대한 감옥-고립 장벽

21세기 게토, 고립 장벽

게토*…. 20세기 독일 나치는 유대인을 외부와 격리하기 위해 벽을 둘렀다.

* 중세 이후 유럽 각 지역에서 유대인을 강제 격리하기 위해 설정한 유대인 거주 지역

그리고 21세기에는 게토에 갇혔던 유대인의 후예가 장벽을 세우고 팔레스타인인을 가두고 있다.

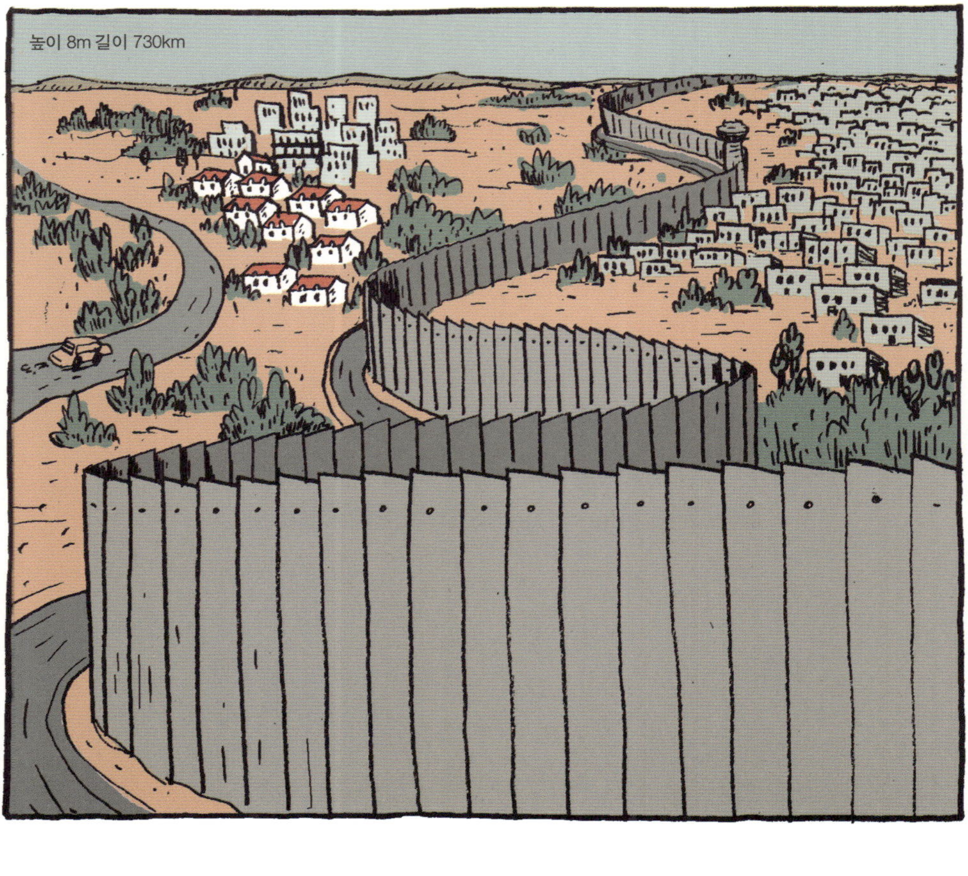

높이 8m 길이 730km

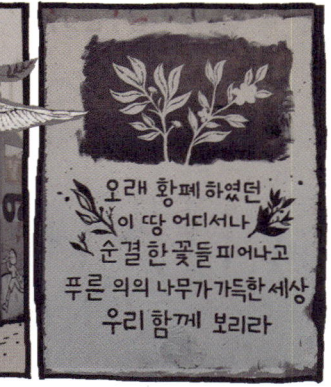

4. 거대한 감옥 – 고립 장벽

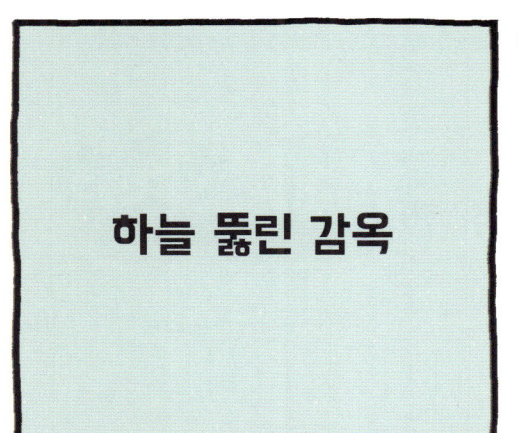

하늘 뚫린 감옥

어느 날 일터로 가기 위해 집을 나섰는데

지난밤 사이 마을 주변에 8미터 높이의 콘크리트 장벽이 들어섰다면?

상상만으로 끔찍하지만 이 상상은 팔레스타인 사람들에게 벌어진 현실이다.

이스라엘은 도시에는 콘크리트 장벽을, 농촌 지역에는 철책 장벽을 세웠다.

철책 장벽의 경우, 보조 철책과 교통로, 도랑 등을 합쳐 폭이 100미터에 달합니다. 장벽 주변에 있던 팔레스타인 가옥과 논밭은 일방적으로 몰수되고 파괴되었지요.

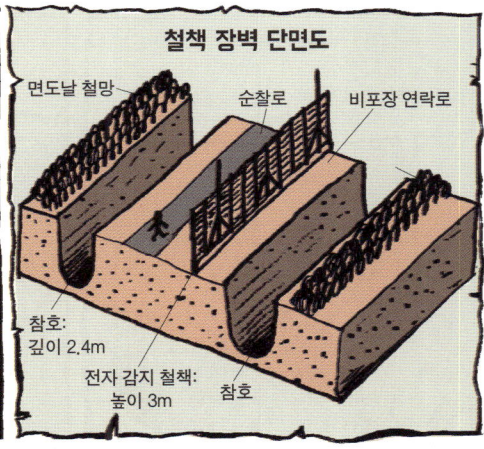

철책 장벽 단면도

면도날 철망
순찰로
비포장 연락로
참호: 깊이 2.4m
전자 감지 철책: 높이 3m
참호

4. 거대한 감옥 – 고립 장벽

장벽 인근에 자신의 땅이 있는 농민은 웃지 못할 상황에 처했다. 장벽을 따라 먼 길을 빙빙 돌아가야만 농지에 도착할 수 있게 된 것이다.

이스라엘이 장벽을 만들며 띄엄띄엄 검문소를 설치했고 그곳을 통해서만 이동할 수 있도록 통제한 탓에 벌어진 상황이다.

그뿐만 아니라 검문소를 지나려면 이스라엘 정부가 발행한 허가증이 있어야 했다.

본인 맞아?

그런데 이스라엘 정부가 어떤 농민에게는 허가증을 주고, 어떤 농민에게는 허가증을 주지 않았습니다.

우리 아홉 식구는 모두 농사를 지으러 가야 하는데 허가증이 딸랑 한 장 나왔어요.

4. 거대한 감옥 – 고립 장벽

4. 거대한 감옥 – 고립 장벽

하여 예루살렘 북쪽 7개 마을을 지나는 30킬로미터 장벽 건설이 마을 주민의 삶을 심각하게 위협하므로 건설 계획을 취소하라!

같은 해, 예비역 장성을 포함한 이스라엘 예비군 소속 장교 101명은 '분리 장벽 건설을 중단하라'는 내용을 담은 공개 서한을 이스라엘 각료에게 보냈다.

장관님.

뭔 소리여!

분리 장벽 건설을 이스라엘이 더욱 위험에 빠지게 됐다. 장벽 건설을 막지 않는다면 그에 따라 늘어날 유혈 사태에 대한 책임을 면치 못할 것이다. 우리 모두 피로서 대가를 치르게 될 것이다.

유대인과 아랍인은 이 땅에서 함께 살아야 합니다. 당연히 팔레스타인 사람들의 생존을 인정해야 합니다.

장벽 건설을 중단하라

'베첼렘', '구시 샬롬', '지금 평화' 같은 이스라엘 평화 운동 단체들은 가두시위, 기자 회견을 열고 반대 여론을 높이기 위해 노력했다.

그러나 미약한 여론으로는 샤론 정부를 움직이지 못했고 장벽 건설은 계속됐다.

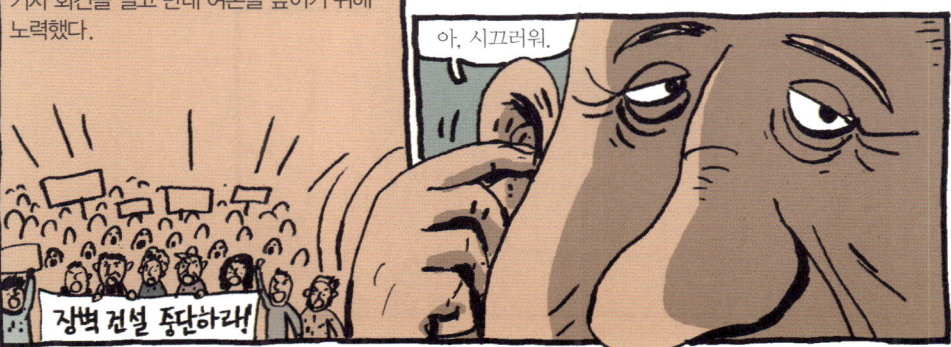

아, 시끄러워.

장벽 건설 중단하라!

4. 거대한 감옥 – 고립 장벽

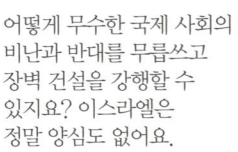

5. 샤론의 도박 - 가자 철수

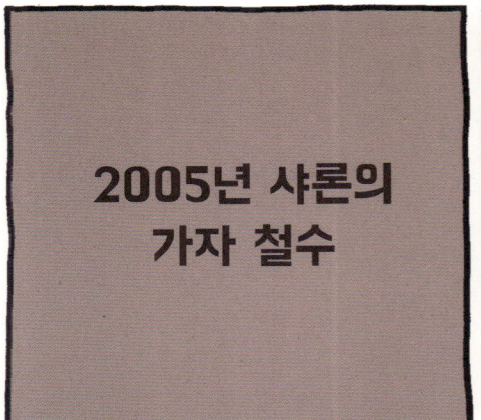

2005년 샤론의 가자 철수

2005년 8월, 이스라엘은 전격적으로 가자 지구의 유대인 점령촌 철수를 단행했다.

6. 하마스, 총선에서 승리하다

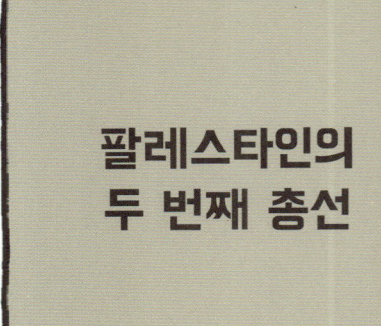

2006년 1월, 팔레스타인은 주요 정치 세력이 대거 참여한 가운데 역사적 총선거를 실시했다.

팔레스타인 총선의 높은 투표율과 민주적 선거 절차를 높이 평가합니다.

코피 아난
유엔 사무총장

팔레스타인 총선 속보입니다.

2006년 팔레스타인 총선 결과			
정당	총의석	지역	정당
하마스	74	45	29
파타	45	17	28
PFLP	3	0	3
Alternative	2	0	2
Initiative	2	0	2
Third Way	2	0	2
무소속	4	4	0
합계	132	66	66

선거 결과는 모두의 예상을 뒤엎고 신흥 정치 세력인 하마스가 집권 파타당에 압도적인 승리를 거두었다.

하마스는 우리의 희망이야.

하마스!

하마스!

파타당이 10년 동안 집권하면서 '평화'니, '협상'이니 얘기했지만 우리 삶은 아무것도 달라지지 않았어요.

오히려 살인적인 실업률에 장벽 건설, 검문소, 토지 몰수, 살인과 구속이 늘어났죠.

하마스는 달라요. 지난 10년 동안 이스라엘에 대항해 계속 싸워왔어요. 하마스는 우리가 무엇을 원하는지 알고 있어요.

반면, 파타당의 지도부는 집권 안정을 위해 미국을 비롯한 서방 세계에 의존한 결과 미국, 이스라엘, 세계은행의 관료로 전락했다는 비판을 받았다.

기존 집권당이었던 파타당의 부정부패 또한 선거의 쟁점이었다.

파타당 지도부는 외국 원조금의 분배를 독점하여 호화 주택을 구입했고 해외여행을 다니며 비밀 금고에 달러를 채워 넣었다.

팔레스타인 총리였던 아메드 쿠레이 집안 소유의 시멘트 회사는 이스라엘에 고립 장벽과 점령촌 건설에 사용된 시멘트를 공급하기도 했다.

파타의 아바스 총리가 고급 승용차를 타고 언덕 위의 저택에서 호의호식하는 동안

하마스의 지도자 이스마일 하니야는 가자의 난민 캠프에 있는 낡은 집에서 난민들과 빵을 먹으며 지냈다.

6. 하마스, 총선에서 승리하다

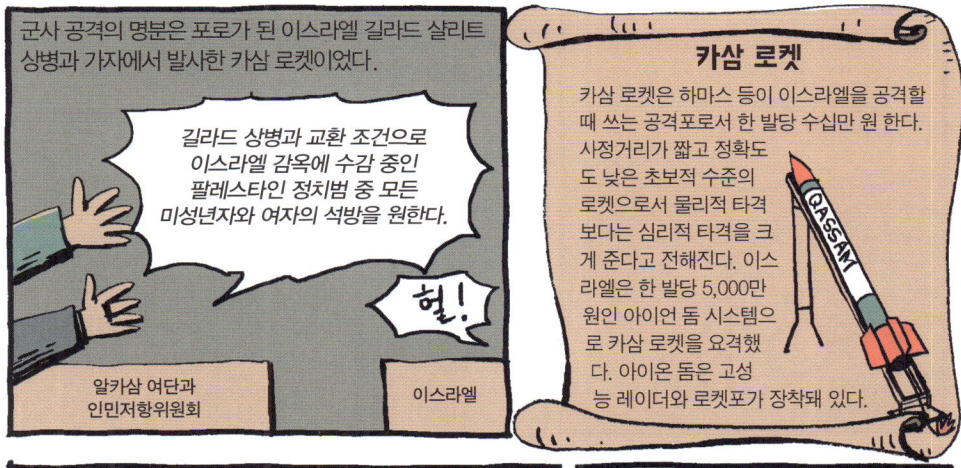

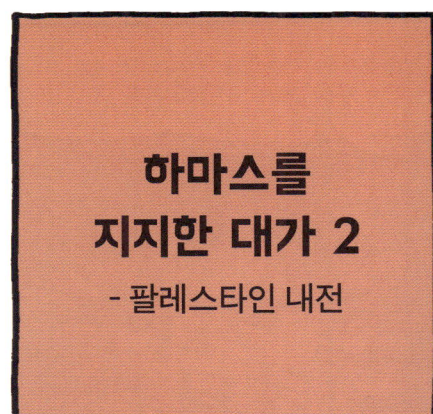

6. 하마스, 총선에서 승리하다

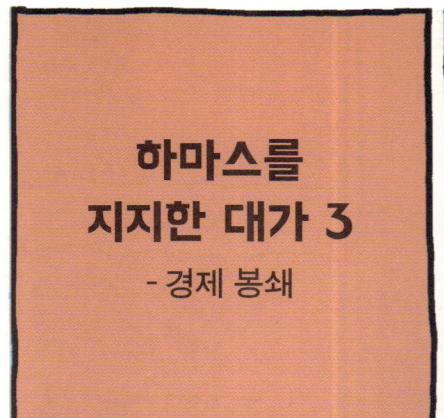

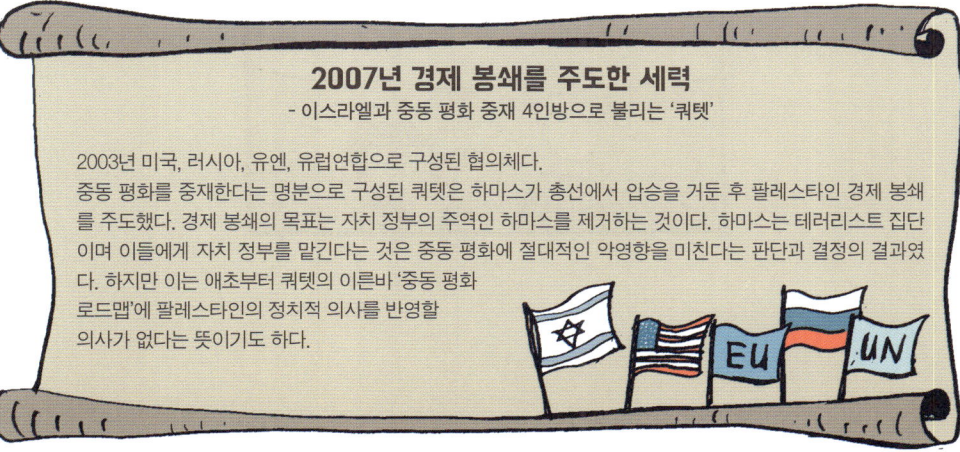

2007년 경제 봉쇄를 주도한 세력
- 이스라엘과 중동 평화 중재 4인방으로 불리는 '쿼텟'

2003년 미국, 러시아, 유엔, 유럽연합으로 구성된 협의체다.
중동 평화를 중재한다는 명분으로 구성된 쿼텟은 하마스가 총선에서 압승을 거둔 후 팔레스타인 경제 봉쇄를 주도했다. 경제 봉쇄의 목표는 자치 정부의 주역인 하마스를 제거하는 것이다. 하마스는 테러리스트 집단이며 이들에게 자치 정부를 맡긴다는 것은 중동 평화에 절대적인 악영향을 미친다는 판단과 결정의 결과였다. 하지만 이는 애초부터 쿼텟의 이른바 '중동 평화 로드맵'에 팔레스타인의 정치적 의사를 반영할 의사가 없다는 뜻이기도 하다.

7. 이스라엘의 레바논 침공

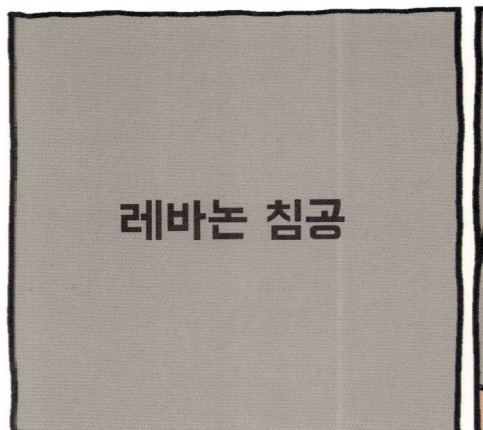

지하드(jihad)

흔히 '성전(聖戰)'으로 해석하는 '지하드'란 아랍어로 "정해진 목적을 위해서 노력한다"라는 뜻의 말이다. 우리에게는 이슬람교를 옹호하고 전파하기 위해 '이교도에 대해 벌이는 전쟁'이란 개념으로 알려져 있다. 지하드가 폭력, 선동의 이미지로 새겨진 이유는 급진적 무장 조직이 자신들의 활동을 알라의 계시를 구현하는 일이라고 대중을 선동하는 데에 사용했고, 이를 서구 사회와 언론이 정치 도구로 사용했기 때문이다.

한편 이스라엘은 레바논 침공에서 인간에게 사용이 금지된 백린탄과 집속탄을 사용했습니다.

백린탄

일명 '살 태우는 최악의 무기'라고 한다. 인으로 만든 발화용 폭탄으로 백린탄은 공기가 있든 없든, 땅속이든 물속이든 파편 조각이 박히기만 하면 계속 타들어 간다. 공중에서 폭파된 폭탄은 무수히 많은 조각의 파편이 되어 떨어지면서 주변 생물체에 박혀 살을 파고 들어가 태운다.

집속탄

한 개의 어미 폭탄이 폭발하면 함께 탑재된 수많은 작은 폭탄이 사방으로 흩어지며 연쇄 폭발을 일으키는 무기다. 살상 반경이 넓고 대상도 무차별적이다. 이스라엘이 사용한 집속탄은 대부분 미국에서 수입하는데, 이 전쟁에서 이스라엘은 400만 발의 집속탄을 레바논에 투하했다.

이스라엘은 유엔 초소, 유엔 평화유지군, 구호 단체 차량, 구급 차량, 민간인을 구분 없이 무차별적으로 공습했고,

언론의 보도와 비난 여론에 언제나처럼 "전쟁 중 일어난 실수"라고 밝혔다.

아임 쏘, 쏘, 쏘리.

7. 이스라엘의 레바논 침공

헤즈볼라(Hezbollah)

아랍어로 '신의 당'이라는 뜻을 가진 헤즈볼라는 1982년 이스라엘의 레바논 침공에 맞서기 위해 이슬람 시아파 종교 지도자 이슬라믹 아말(Islamic Amal)과 레바논 지구당인 다와 파티(Dawa Patty)가 합쳐 창설했다.

창설 초기 헤즈볼라의 투쟁 목표는 다종교 국가인 레바논에서 이란식 시아파 이슬람 공화국을 건설하고, 중동 지역에서 비이슬람 서구 세력을 추방하는 것이었다.

특히 레바논을 이스라엘 점령 상황에서 해방시키는 것을 1차 투쟁 목표로 세워 그 힘을 보여주었다. 이후로 미국과 이스라엘은 헤즈볼라를 합법적인 시아파 정치 단체로 보고 있다.

주목할 점은 대다수 레바논 국민은 헤즈볼라를 절대적으로 신임하고 있다는 것이다. 최근 장관을 배출하여 내각에 참여하는 등 영향력 있는 정치 세력으로 부상했으며 레바논 내전이 끝난 이후에도 의회 승인 아래 군대를 유지하고 있다.

한편, 헤즈볼라는 빈민을 비롯해 전투 중 부상당한 전사자와 민간인을 위한 기구도 만들어 무상 교육, 의료, 생활비 지원, 직업 교육 등 다양한 복지를 제공하고 있다. 부상당한 저항 전사들과 결혼하겠다며 이 지원 기구를 찾는 여성이 많다 하니 헤즈볼라의 인기를 가늠해볼 만하다.

7. 이스라엘의 레바논 침공

이 그림은 이스라엘 소녀들이 레바논을 타격할 미사일에 "사랑을 담아 나스랄라*에게 보낸다", "나스랄라에게 줄 이스라엘의 사랑은 없다"라는 글을 적는 장면입니다.

*하산 나스랄라, 헤즈볼라의 지도자

자기 조국 이스라엘의 안녕을 바라는 저 미사일에 얼마나 많은 무고한 사람과 어린이가 죽어갔는지… 저 소녀들은 알고 있을까?

8. 가자 학살 (2008~2009)

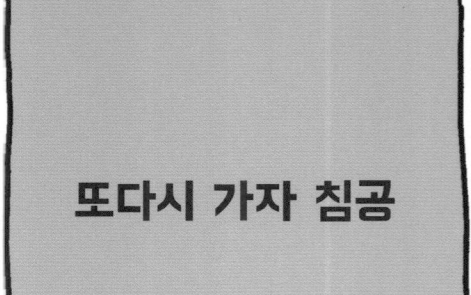
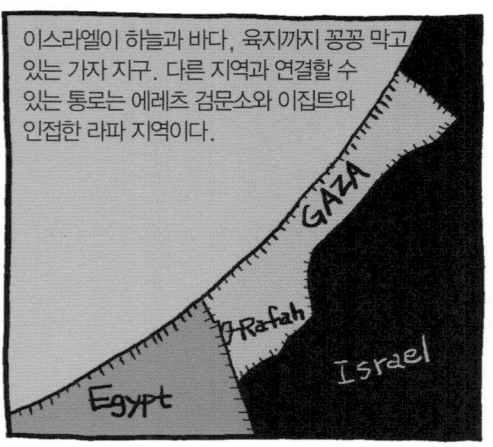

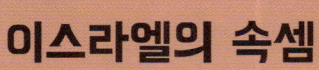

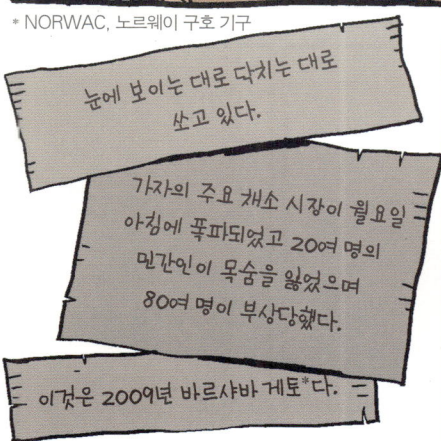

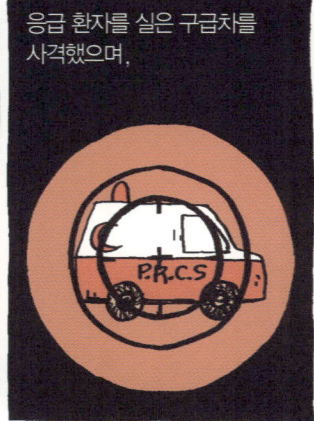

* '훌륭한 나라'라는 뜻

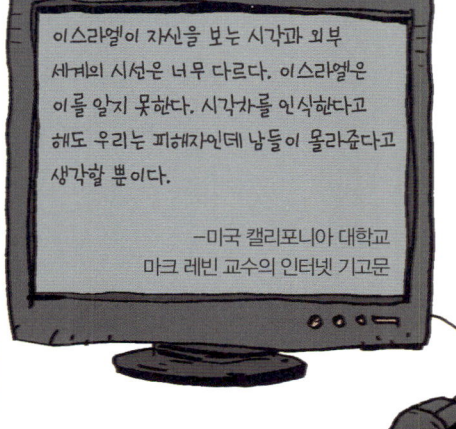

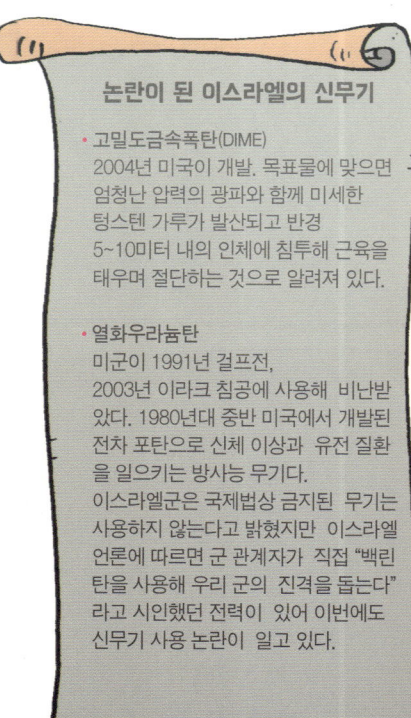

8. 가자 학살(2008~2009)

이번 침공으로 어린이 460여 명을 포함해 1,400여 명의 팔레스타인 사람이 목숨을 잃었고 5,400여 명이 부상을 당했다.

이에 반해 이스라엘 사망자는 13명이었는데 이 중 5명은 오폭 사고로 숨져, 실제 사망자 수는 8명입니다.

2008년 12월 27일, 유엔 인권이사회 소속 팔레스타인 분쟁 지역 인권 상황 특별 기록관 리처드 파크는 자신의 조사 결과를 발표했다. 이듬해 1월 12일, 유엔 인권이사회는 이 보고서를 토대로 이스라엘의 무차별 공격 행위를 비난하는 내용의 결의안을 채택했다.

이스라엘군이 가자 지구에 가한 공중 공격은 세계에서 유례를 찾아보기 힘들 정도로 매우 심각하고 거대한 범죄 행위다. … 전쟁 범죄를 조사하기 위해 이스라엘 지도부에 대한 국제형사재판소의 공판을 실시해야 한다

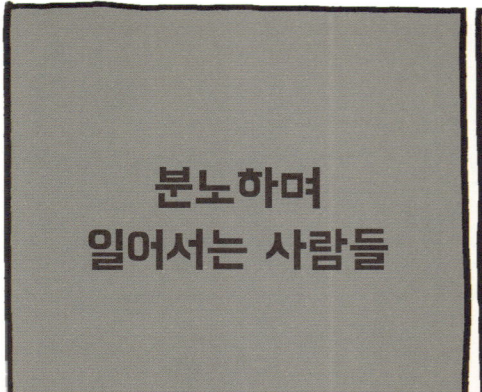

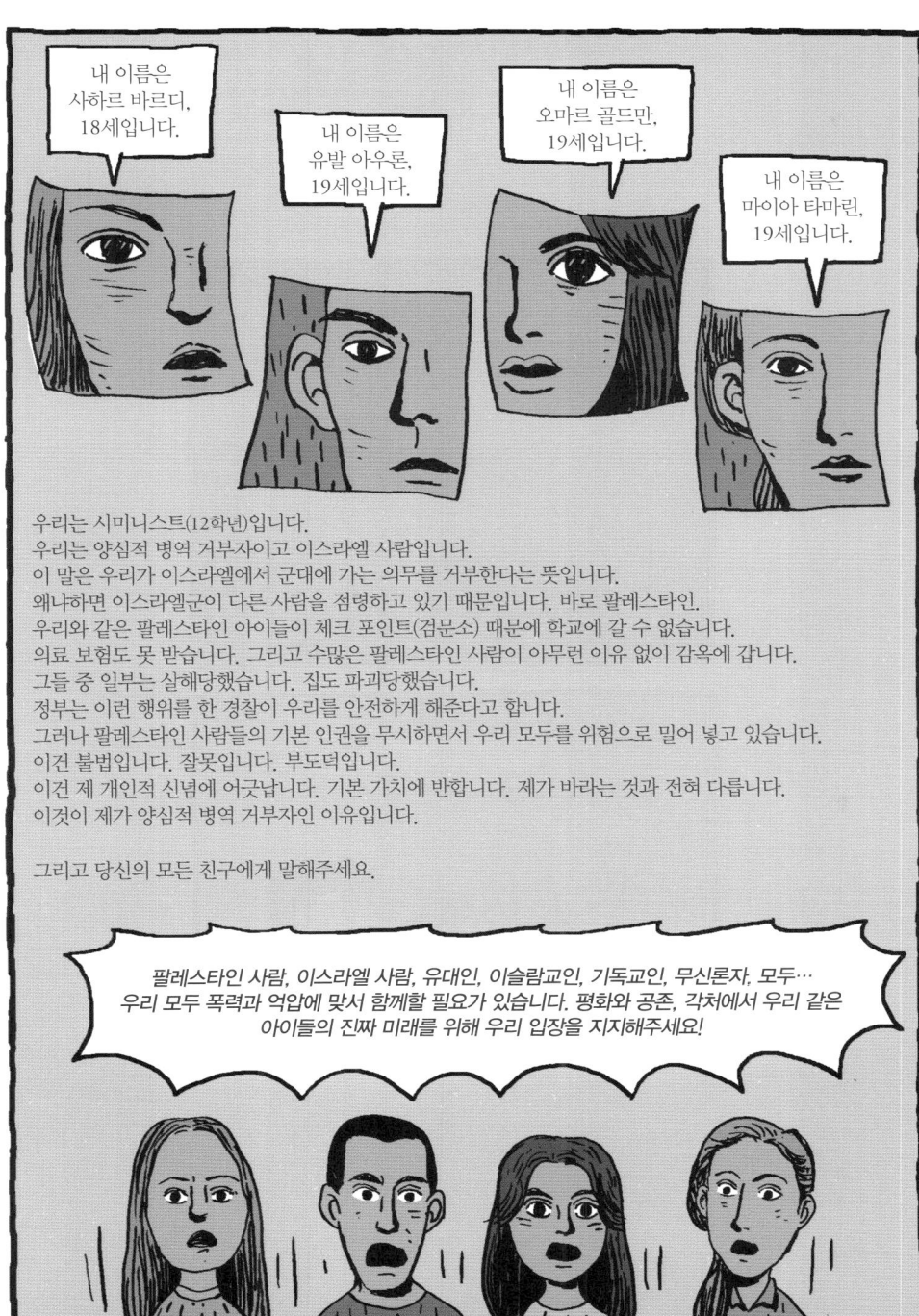

9. 팔레스타인-이스라엘을 바라보는 세계의 눈

이스라엘의 끈적끈적한 파트너, 미국

유대인의 명절인 하누카* 기간에 뉴욕의 시내 고급 백화점들이 하누카 기념 세일을 한다.

* 유대교의 축제일 가운데 하나로 '봉헌'이라는 뜻

미국의 유대인은 정치, 경제, 금융, 학계, 문화 등 사회 전반에 강력한 영향력을 행사하고 있다.

미국 내 유대인은 약 640만 명으로 미국 전체 인구의 2.1퍼센트 정도지만, 그 영향력은 10배 이상이라는 평가를 받고 있다.

2007년 미국 잡지 《베니티 페어》가 선정한 파워 엘리트 100명 중 51명이 유대인이었습니다.

미국 3대 신문인 《뉴욕타임스》, 《워싱턴포스트》, 《월스트리트저널》 등이 유대인 소유의 기업이고 유명 로펌의 40퍼센트가 유대계라는 통계가 있다. 미국 50대 기업 중 17대 기업은 유대인이 창업했거나 운영하고 있을 정도다.

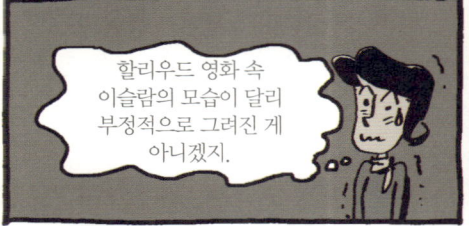

* 제2차 세계대전 중 독일이 유대인에게 가한 대학살

* American Israel Public Affairs Committee

대한민국의 이스라엘 찬양

* 유대인의 국가, 신앙, 문화가 회복되도록 돕는 운동

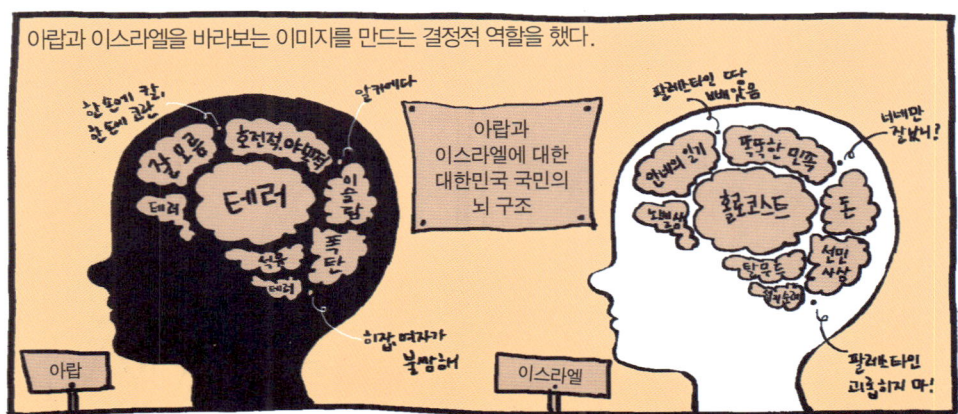

9. 팔레스타인 – 이스라엘을 바라보는 세계의 눈

아랍의 목소리, 알자지라 방송

CNN (Cable News Network)

미국의 미디어 거물 테드 터너가 1980년에 설립한 전문 뉴스 채널. 전 세계 212개국이 전파를 보내고 있다. 우주 왕복선 챌린저호의 폭발, 베를린 장벽 붕괴, 걸프전 등 격동의 현장을 생중계하며 브랜드의 막강한 힘을 자랑했지만, 최근 경쟁 채널의 약진과 CNN의 미국 중심 방송에 염증을 느끼는 시청자가 늘며 시청률이 하락하고 있다.

알자지라 탄생은 사우디 왕가가 BBC 아랍 방송을 폐쇄한 데서 비롯됐다. 갈 곳 잃은 BBC 편집자들은 알자지라 방송에 대거 영입되면서 그들의 언론 자유에 대한 신념과 방송 노하우까지 승계했다.
대부분 BBC에서 훈련받은 알자지라 기자들은 개국 초기부터 현장을 누비면서 팔레스타인의 갈등, 전쟁 등 아랍 세계의 생생한 현장을 취재하기 시작했다.

개국 이후 오사마 빈라덴의 육성 테이프 공개와 레바논 헤즈볼라 지도자 하산 나스랄라를 인터뷰하는 등 굵직한 특종을 속속 터트리며 이슬람권 뉴스를 주도했던 알자지라는

아랍 세계 독재 정권의 부정부패를 폭로하고 이슬람 세계에서 금기하는 문제를 논쟁화했다.

또한 알자지라는 뉴스와 논평, 대담 프로그램을 주로 편성해 다양한 의견을 여과 없이 보여주면서 아랍 시청자들을 끌어들였다.

미국은 알자지라를 깎아내렸지만

인터브랜드*는 2004년 알자지라를 세계에서 가장 영향력 있는 미디어로 평가했다.

* 세계적인 브랜드 평가 업체

9. 팔레스타인 – 이스라엘을 바라보는 세계의 눈

아랍의 봄(Arab Spring)

2010년 12월 이래 중동과 북아프리카에서 일어난 반정부 시위. 알제리, 바레인, 이집트, 이란, 튀니지 등 중동과 북아프리카 일부 지역에서 대규모 반정부 시위가 일어났으며, 이라크, 쿠웨이트, 오만, 사우디아라비아 등에서도 소규모의 반정부 시위가 일어났다. 이 반정부 시위에서는 파업 참여 운동의 지속, 데모, 행진, 대집회뿐만 아니라, 페이스북과 트위터 같은 소셜 미디어를 이용한 조직, 의사소통, 인식 확대를 통해 광범위한 시민의 저항 운동이 일어났다. 튀니지와 이집트에서의 반정부 시위는 정권 교체로 이어졌으며, 이는 혁명으로 불리게 되었다.

9. 팔레스타인 - 이스라엘을 바라보는 세계의 눈

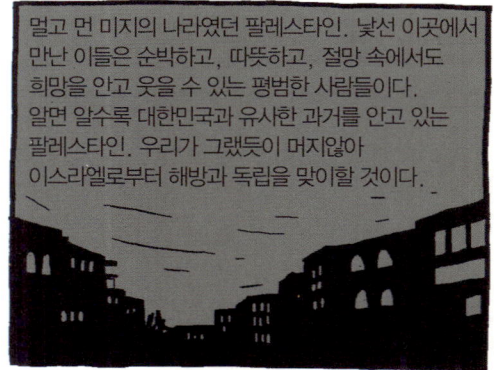

10. 팔레스타인에서 산다는 것

검문소(체크 포인트)
- 갈라진 땅, 오갈 수 없는 사람들

친척을 만나러 갈 때도, 학교에 갈 때도, 병원에 갈 때도, 일하러 갈 때도… 끊이지 않는 검문, 검문, 검문….

이스라엘은 1987년 1차 인티파다 이후 팔레스타인 사람들이 이동할 때 허가를 받도록 했다. 검문소의 운영 방법도 여러 가지인데 어떤 검문소는 16~35세 남성은 지나갈 수 없도록 하고, 어떤 검문소는 특별 허가를 받은 사람만 지나가게 한다. 그러다 중요한 사건이 생기거나 팔레스타인의 투쟁이 있는 날이면 몇 시간, 며칠씩 검문소를 막고 열어주지 않는다. 검문소를 지나가야 할 팔레스타인 사람들은 이유도 모른 채 하염없이 기다려야만 한다. 검문소는 팔레스타인이 이스라엘로부터 자유롭지 못하고 억압과 통제를 받고 있다는 사실을 확인시켜준다.

– 《숙명의 트라이앵글》(노암 촘스키, 이후, 2008)의 내용 중

그들은 종교 율법과 현인들의 글에서까지 근거를 찾아 아랍인을 향해 취하는 모든 행동을 정당화한다.

> 정복된 사람들에 관한 율법은 그들이 어떻게 정복자를 위해 봉사해야 하는지, 그들이 얼마나 열등하고 천하며 완전히 복종해야 하는지, 이스라엘에서는 머리를 들어서도 안 되고, 유대인의 지배에 어떻게 정복되어야 하는지를 분명히 하고 있다. 그렇게 할 때만 정복자들은 그들을 '인간적인 방식'으로 다룰 수 있다. 신의 명령에 따른 전쟁에서는 (이교도) 남성, 여성, 아이들을 파멸시키고, 죽이고, 제거해야 한다.

아랍인에 대한 경멸은 시오니스트의 사고에 깊이 뿌리박혀 있다.

뒤늦게 공개된 '유대인 기구 집행위원회'의 기록에서도

1917년 밸푸어 선언과 관련된 이스라엘 초대 대통령의 발언을 통해 아랍인에 대한 시각을 엿볼 수 있다.

> 아랍 문제와 관련해서 영국은 내게 수십만 명의 깜둥이들이 있기는 하지만 전혀 중요한 문제가 아니라고 말했습니다.

1976년 9월, 이스라엘 전쟁 영웅 모셰 다얀은 아랍인에게 촉구했다.

> 당신들은 계속 개처럼 살 것이므로 원하는 사람은 누구든 떠나라!

점령촌의 유대인은 팔레스타인 사람들을 '야만인', '미개한 인종', '붉은 인디언'이라 불렀다.

2009년 이스라엘 군인들이 입은 단체 티셔츠 사진과 인터뷰 내용이 인터넷에 오르며

전 세계 네티즌의 분노를 사기도 했다.

구시가지 이슬람 구역에서 나이 많은 여성과 그녀를 구하려던 청년이 잔인하게 폭행당했는데

예시바 대학교*에서 온 학생들 짓이었다.

대부분 미국과 유럽에서 태어난 예시바의 학생들은 아랍인에게 빼앗긴 땅을 되찾겠다는 열정과 신앙으로 돌아온 이들이다.

*정통파 유대교 학교

10. 팔레스타인에서 산다는 것

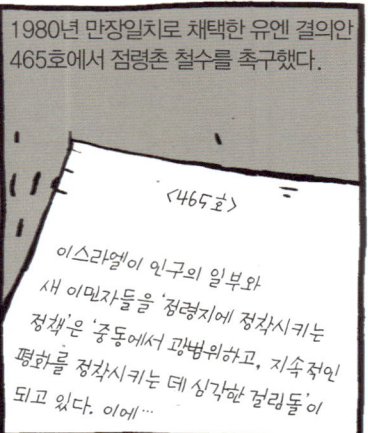

땅과 함께 도둑질당한 물

팔레스타인 사람들은 자신의 땅에서 나는 물조차 마음대로 쓸 수 없다.

이스라엘은 팔레스타인 땅에서 나는 모든 수자원을 이스라엘 재산으로 몰수했고, 새로운 수자원 개발을 금지했다.

> 물이 부족해도 우물을 팔 수 없어요. 우물 파는 행위도 금지되어 있거든요.

이스라엘은 연평균 강수량(240밀리미터)이 세계 평균(880밀리미터)의 절반에도 미치지 못하며, 레바논·시리아·요르단 접경 지역인 동북부 지역의 갈릴리 호수가 유일한 대규모 담수(淡水) 공급처일 정도로 수자원을 안전하게 확보하지 못하는 형편이다.

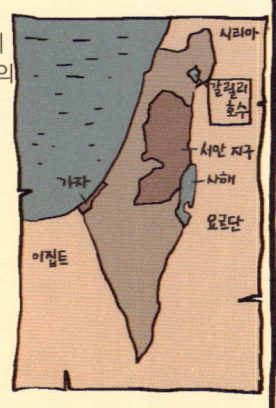

더 많은 물이 필요한 이스라엘은 1982년부터 나라의 수자원공사인 메코로트 사를 내세워 팔레스타인 수자원을 통제하기 시작했다.

이스라엘은 필요에 따라 서안 지구 저수지에서 많은 양의 물을 끌어오고 있습니다. 1993년 오슬로 협정에 따라 물의 통제권 일부가 자치 정부로 넘어왔지만 여전히 메코로트 사가 서안 지구 수자원의 55퍼센트를 통제하고 있지요.

> 아빠, 목말라요.

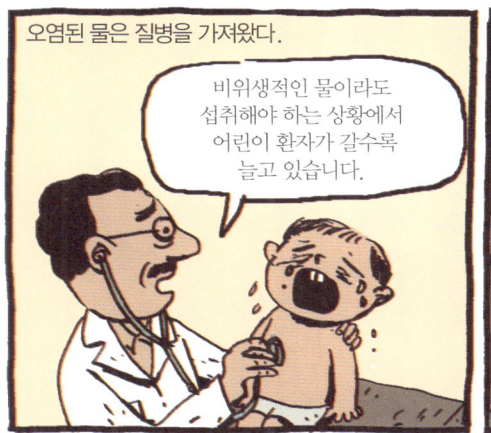

영화 〈천국을 향하여〉에서 한 청년이 자살 폭탄 공격을 앞두고 마지막 영상 메시지를 전하던 중

정수기 필터를 언급하던 모습은 '가자의 물 문제'를 알고 있다면 결코 웃을 수만은 없는 장면이다.

10. 팔레스타인에서 산다는 것   **169**

식민 지배가 불러온 경제 종속

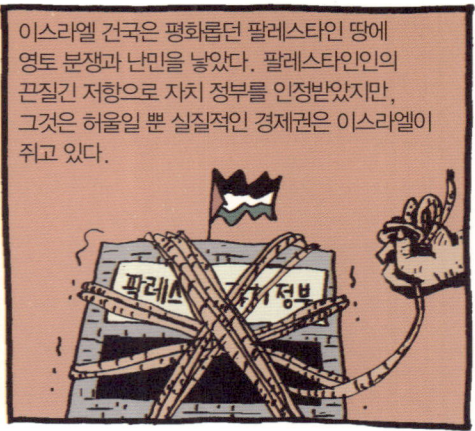

이스라엘 건국은 평화롭던 팔레스타인 땅에 영토 분쟁과 난민을 낳았다. 팔레스타인인의 끈질긴 저항으로 자치 정부를 인정받았지만, 그것은 허울일 뿐 실질적인 경제권은 이스라엘이 쥐고 있다.

이스라엘은 점령 지역에서 이스라엘 기업과 경쟁할 만한 공장이나 기업에는 허가를 내주지 않는 등의 방법으로 팔레스타인 경제를 통제했다.

팔레스타인은 정보 기술, 경영, 프로젝트파이낸싱(PF) 같은 서비스 분야에 훈련된 인력이 많지만, 이스라엘에 필요한 물품을 생산하는 공장 위주로 허용되니 이들이 일할 곳이 없어요.

또한 1993년 오슬로 협정 이후 이스라엘의 특별 허가 없이는 팔레스타인 상품을 수출할 수도 없었다.

이스라엘의 봉쇄 정책과 운송 경로의 통제로 팔레스타인이 생산한 물품 90퍼센트 이상이 이스라엘로 들어갑니다.

팔레스타인 지역에서 유통되는 공산품은 대부분 이스라엘산과 중국산이며, 산업 기반이 약해 고용 기회가 적은 팔레스타인 노동자는 이스라엘 기업에 값싼 노동력을 제공하고, 거기에서 받는 임금으로 다시 이스라엘 기업이 생산하는 상품을 구매한다.

조세권도 이스라엘이 행사한 후에 팔레스타인 자치 정부에 넘겨진다. 팔레스타인 경제는 철저히 이스라엘에 종속될 수밖에 없는 구조다.

팔레스타인에서 산다는 것은….

11. 팔레스타인에 평화는 오는가

고립 장벽 건설 반대 운동의 상징이 된 조그만 마을 빌린.
군인들의 무자비한 진압에도 빌린은 창의적 시위, 비폭력 시위를 벌이며 8개월이 넘게 버텨냈다. 빌린이 세상에 알려지며 이스라엘과 전 세계의 평화 활동가들이 이스라엘군의 봉쇄를 뚫고 시위에 합류하여 장벽 건설 반대를 위해 싸웠다.

이스라엘 북부의 와디 아라(Wadi Ara) 지역에는 특별한 학교가 있다. 유대인 학부모와 아랍인 학부모 들이 두 민족, 두 언어가 공존하는 학교를 설립했다. 학교의 이름은 '와디 위의 다리(Bridge over the Wadi)'.

이 학교 3학년 교실의 풍경.
선생님들은 이스라엘의 독립기념일이면서 팔레스타인의 나크바(대재앙)일에 대해 설명하고 있다.

유대인에게는 2,000년간 나라 없는 설움에서 벗어난 독립기념일이, 아랍인에게는 대재앙의 시작이 된 거죠….

유대인은 아랍인의 땅을 빼앗았어요.

유대인 선생님

팔레스타인 선생님

아랍인의 땅을 빼앗은 사실에 미안함이나 죄책감을 느끼는 유대인 친구가 있나요?

저도요.

저도 유대인이니까요.

저요.

유대인이 옳지 않은 일을 했다는 사실이 수치스러워요.

죄책감을 느낄 필요 없어요. 두 나라가 서로 싸워서 이기는 쪽이 다스리는 거예요.

헉, 그건…

역사를 배우는 이유는 누군가 입은 상처에 관심을 두기 위해서이지, 죄책감을 느끼기 위해서는 아니에요.

그래도 슬퍼요. 팔레스타인 친구들한테 정말 미안해요.

이스라엘과 팔레스타인 학부모들은 역사, 종교 수업 등을 지켜보며 아이를 계속 학교에 보내야 하는지 갈등을 겪고, 일부 학부모는 자신의 입장을 바꿔 입학을 취소하고 돌아가기도 했다.

학부모들의 반응과 달리 이스라엘, 팔레스타인 아이들은 손을 잡고 어깨동무를 하고 즐겁게 논다. 팔레스타인 아이는 이스라엘 아이의 집에 놀러 가고, 이스라엘 아이는 팔레스타인 친구의 집에 놀러 간다.

쉬는 시간, 아이들이 모여 이야기를 나눈다.

11. 팔레스타인에 평화는 오는가

우리가 어른이 되었을 즈음엔….

— 다큐멘터리 〈와디, 다리를 건너(Bridge over the Wadi)〉 중에서

〈끝〉

[초판] 작가의 말

팔레스타인 땅의 평화와 공존을 꿈꾸며

1. 만화를 시작하다

2008년 여름, 팔레스타인 만화를 그리기로 했다. 팔레스타인에 대해 내가 아는 것이라고는 분쟁 지역이라는 정도, 한국의 보통 사람들과 비슷한 인식 수준이었다.

막연했다. 팔레스타인에 관한 책들을 닥치는 대로 읽고 영화, 다큐멘터리 같은 영상물을 찾아보고 팔레스타인평화연대라는 단체도 찾아가 도움을 받고 활동가들을 인터뷰했다. 그런데도 6개월이 지나도록 팔레스타인이라는 나라의 역사가 머릿속에 잡히지 않았다.

팔레스타인과 그 주변국의 역사는 엉킨 실타래처럼 매우 복잡했고 체계적인 자료마저 부족했다. 하나의 큰 줄기로 팔레스타인과 이스라엘의 이야기를 엮어내기가 참으로 벅찼다.

처음 잡은 만화의 줄거리는 팔레스타인 역사가 아닌 팩션(faction) 형식의 팔레스타인 소녀 이야기였다. 팔레스타인에 익숙하지 않은 대한민국 독자들이 부담감 없이 쉽게 읽을 수 있는 만화를 그리고 싶었다. 그런데 이 팔레스타인 만화를 내면 좋겠다고 제안한 출판사 대표님이 이런 얘길 했다.

> 이스라엘 역사책은 넘쳐나는 데 반해 팔레스타인 역사책은 좀처럼 찾기가 힘듭니다. 더군다나 그런 책이 있다 해도 너무 어려워서 독자들이 읽지를 않죠. 만화로 된 팔레스타인 역사책이 있다면 독자들이 더 쉽게 팔레스타인을 이해할 수 있지 않을까요?

맞는 말이었다. 하지만 이미 사전 조사 과정에서 두꺼운 벽을 느낀 나로서는 감당하기 힘든 상태였고 좋은 제안임에도 남이 했으면 하는 생각이 뇌리 속을 떠나지 않았다.

그 누군가가 당신이었으면 합니다. 당신이 팔레스타인 역사를 만화로 그려주셨으면 좋겠습니다. 팔레스타인은 중동의 한반도예요.

나는 결국 그 제안을 받아들였다.

2. 진과 팔레스타인

화자인 진은 팔레스타인을 대하는 나 자신이면서 대한민국의 보편적인 사람이다. 팔레스타인을 찾았던 평화 활동가들의 실제 경험은 진의 에피소드로, 내가 느끼고 하고 싶은 말들은 진의 독백을 통해 이야기했다.

진이 나오는 부분은 전체 색감과는 다른 흑백에 가까운 모노톤으로 설정했는데 그 이유는 진이 아직까지는 팔레스타인 역사의 현장에 함께하지 않고 있기 때문이다. 그러나 2권의 마지막에 얀과 케이트, 진이 빌린 시위에 함께하게 된 순간에 그들

에게 전체 흐름과 같은 색을 입혔다. 비로소 팔레스타인 역사의 현장에 함께하게 되었다는 의미였다.

10장 〈팔레스타인에 평화는 오는가〉를 그릴 때는 정말 많은 고민을 했고, 나름의 의미를 부여하며 장을 구성했다.

팔레스타인 난민이 쓴 편지와 가자 난민촌의 할머니는 팔레스타인의 과거를, 진과 전 세계에서 모인 활동가들이 팔레스타인 사람들과 함께 벌이는 빌린 시위의 현장은 현재를, 두 민족 한 학교인 '와디 위의 다리'에서 공존을 위해 노력하는 팔레스타인과 이스라엘의 어린이들을 팔레스타인의 미래로 그리고 싶었다.

과거도 현재도 여전히 상처투성이인 팔레스타인이지만, 우리 아이들이 자라난 미래에는 '평화', '공존'이라는 단어가 일상화돼 있기를 소망해본다.

3. 인터넷 매체에 만화를 연재하다

2012년 10월, 《오마이뉴스》에 만화를 연재하기 시작했다.

첫 회가 연재된 다음 날부터 당황스러울 정도로 많은 이메일과 전화를 받았다.

20여 개 가까운 출판사로부터 출간 제의를 받고 독자들에게 격려와 항의 메일도 받았다.

첫 회의 조회 수가 10만이 넘었다고 한다.

어떤 독자들은 내 안전을 걱정하고 기도해준다고도 했다.

한편으론 얼떨떨했지만 팔레스타인이라는 낯선 이야기에 관심 있는 이들이 생각보다 많다는 사실에 감격스러웠다.

감사해요. 하지만 난 당신이 생각하는 것처럼 팔레스타인에 있지 않아요. 지금 한국 땅에서 이 만화를 그리고 있답니다. 쿨럭.

첫 회, 이스라엘군의 총에 죽임을 당한 팔레스타인 라미 부자의 네 컷 사진에 독자들은 큰 충격을 받은 듯했다. 사진을 보는 독자의 마음이 나와 같았을 것이다. 진이 라미 부자의 사진을 본 뒤 이 만화가 시작되는 것은 결코 우연이 아니다.

4. 만화가 객관적이지 않다. 이스라엘의 입장도 들어봐야 하지 않겠는가?

1권이 출간되면서 좀 더 다양한 독자층으로부터 메일을 받았다.

이제라도 진실을 접할 수 있게 해주어 고맙다는 내용이 대부분이었다. 그 독자들은 미국, 이스라엘 할 것 없이 각지에 있었다. 그들은 나에게 고마움을 표했지만 그들에게 받은 메시지야말로 마지막 고통스러운 기간을 버텨내며 만화를 끝맺게 해준 힘이었다. 이 자리를 빌려 댓글로, 《오마이뉴스》의 독자 원고료로, 쪽지와 메일로 격려해

주신 모든 분께 진심으로 감사의 인사를 드린다.

반면 이 만화를 비판하는 독자도 꽤 많았다.

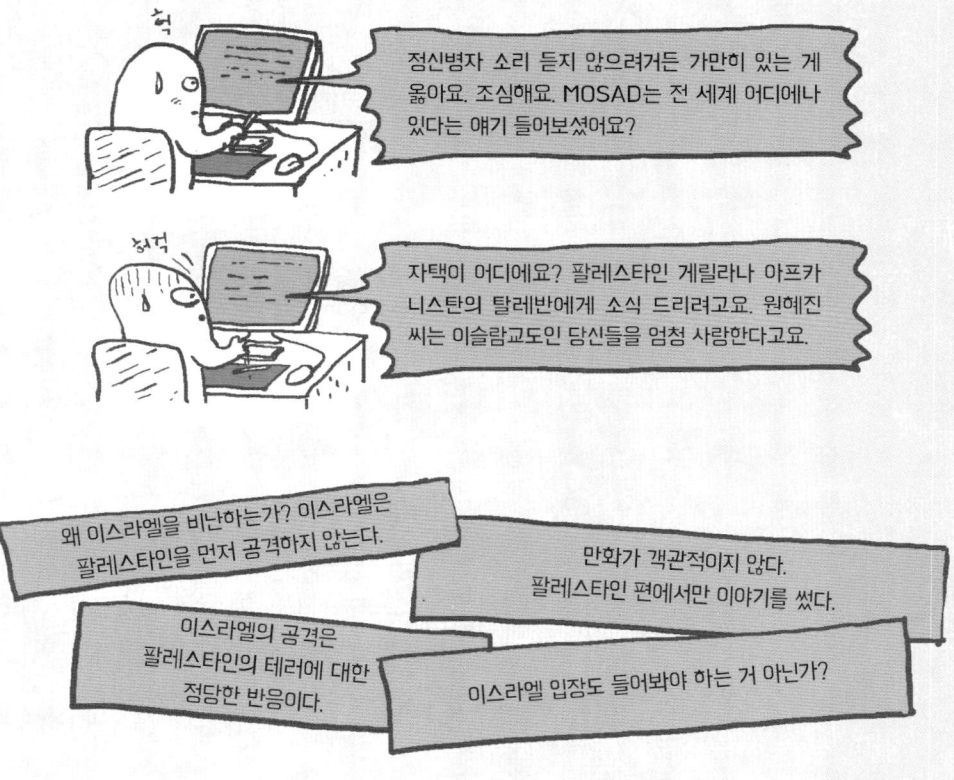

나는 그 독자들께 이렇게 말하고 싶다.

"먼저 이 책을 처음부터 끝까지 한번 읽어주세요. 그런 후에 생각해주세요. 혹시 여러분이 친이스라엘의 선입견에 갇혀 역사의 맥락을 외면하는 것은 아닌지 말이에요. 여러분이 이제껏 살아오면서 보고 듣고 배워온 것들이 진실이 아닐 수 있습니다."

친미, 친이스라엘 정서가 팽배한 대한민국에서 우리는 그동안 이스라엘의 입장, 이스라엘의 목소리를 각종 언론, 교육, 영화 같은 문화 산업을 통해 꾸준히, 충분히 들어왔다. 그에 반해 어디서도 제대로 된 팔레스타인의 목소리는 들을 수 없었다.

만화 속에서도 여러 번 말하지만 일제 강점기, 일본 제국주의는 식민 지배를 통해 조선을 근대화했으며 김구, 안중근, 윤봉길 같은 독립 운동가를 테러리스트라고 규정했다. 그뿐만 아니라 조선의 여성들이 스스로 자원하여 일본군의 위안부가 되었다고까지 말한다. 이것이 점령자, 지배자가 갖고 있는 사고방식이고 그들의 입장이다.

하지만 이런 만화를 그린 작가의 음성은 역시 객관성이 부족해 보일 수도 있겠다. 얼마 전 미국에서 한 독자가 보낸 이메일의 전문을 통해 이에 대한 답을 보충하고자 한다.

> 원혜진 작가님께
>
> 미코 펠레드(Miko Peled)를 아십니까?
>
> 미코 펠레드의 집안은 이스라엘에서 유명한 시오니스트 엘리트 집단으로 할아버지는 이스라엘의 독립 선언문에 서명까지 한 골수 시오니스트이며, 아버지인 마티 펠레드(Matti Peled)는 이스라엘 군대의 장군(장성)으로서, 중요 전투에 다 참여했습니다.
>
> 마티 펠레드는 군대를 은퇴하고 나서 이스라엘-팔레스타인 평화 유지, 팔레스타인인 구조에 힘을 썼고, 이제 그 장군의 아들 미코 펠레드는 현재 미국 전역과, 미국 전 대학교를 돌아다니면서 이스라엘이 팔레스타인에 하는 그 대학살에 대해서 양심 고백하고, 이스라엘의 만행, 시오니스트들의 거짓말, 역사 왜곡, 팔레스타인인의 무고함에 대해서 강연을 합니다.
>
> 미코 펠레드 외에도 이스라엘 공군 대위 요나탄 섀피라(Yonatan Shapira)라는 인물도 유명합니다. 이분은 몇 년 전까지 이스라엘 공군에서 대위로 복무를 했습니다. 소위 테러 전담반에 투입이 됐었죠. 그런데 그 이스라엘의 팔레스타인에 대한 끔찍한 행위를 보고 나서, BBC에 충격 고백을 합니다.
>
> "제발 내 이스라엘 정부의 만행을 멈춰달라, 이것은 미친 짓거리이자 학살이다. 그리고 오바마 대통령은 노예같이 이스라엘의 종노릇을 그만하고, 팔레스타인인들을 이 만행에서 구해달라, 서양의 모든 대중 매체들은 왜 이스라엘의 이

잔혹한 만행을 보도하지 않고 못 본 체하는가, 당신들은 도대체 뭐하는 인간들인가"라고 BBC에서 준엄하게, 그리고 간절하게 폭로·호소를 합니다.

http://www.youtube.com/watch?v=BI8AyL9Xtpc
(요나탄 섀피라의 해당 유튜브 동영상)

그리고 미국의 전 대통령 지미 카터도 MSNBC 생방송 인터뷰에서 이스라엘의 잔혹한 만행에 대해서 미국 언론들이 다 숨기고 왜곡하고, 미국의 정치인들이 로비에 매수되어서 진실을 말하지 못하는 상황을 낱낱이 밝힙니다.

http://www.youtube.com/watch?v=kDKw0f95k7Q
(지미 카터의 해당 유튜브 동영상)

다른 팔레스타인인들이 뭐라고 해봤자, 대부분의 사람들의 귀에는, 테러리스트들의 변명, 거짓으로 들릴 테니 저는 그것이 효과가 없다는 걸 파악했습니다.
　그러나 그동안 제가 수많은 이스라엘계 미국인들과 보수적 미국인들에게 미코 펠레드, 요나탄 섀피라, 지미 카터로 예를 들고, 동영상을 보여주어서 실패한 적이 없습니다.
　왜냐하면 3명 다 팔레스타인인이 아니고, 그중에 2명은 이스라엘 군대에서 복무를 했었고 중요한 위치에 있었던 인물인 데다가, 나머지 1명은 미국 전 대통령이니 그 어떤 사람이라도 부정을 못 했습니다. 이 사실들이 모든 한국인들과 전 세계인들에게 알려져서, 이스라엘의 만행을 다들 알게 되기를 바랍니다. 팔레스타인의 비극이 하루빨리 멈추기를 바랄 뿐입니다.
　이런 중요하고 좋은 내용에 대해서 만화로 써주시는 것에 대해 깊이 감사드립니다.

미국에서 S***

5. 프랑스어권에 수출되다

《아! 팔레스타인》 1권이 출간되면서 처음으로 라디오와 TV에 출연했다. 우리 사회도 팔레스타인에 대한 관심이 생각보다 많다는 사실을 다시 확인하며 뿌듯했다.

종종 독자들과 만날 기회가 있었는데 한번은 고양시 작은 책 모임에서 열린 '저자와의 대화'에 참석한 적이 있다. 몇몇 독자는 내 인상이 자신들이 생각했던 것과 달라 조금 놀랐다고도 한다.

좋은 소식은 이어졌다.

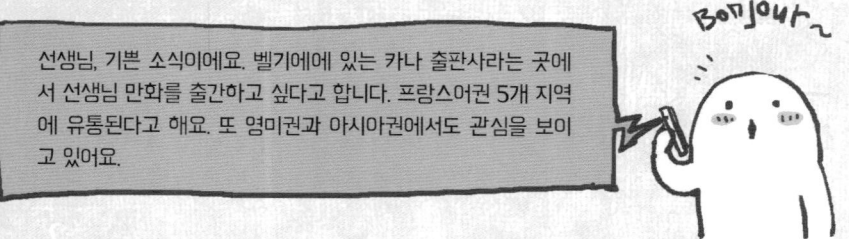

처음에는 감흥이 없었다. 정말? 아직 2권도 안 나왔는데? 시간이 흐르자 한국 독자들에게 읽힌다는 사실만으로 좋았는데 유럽의 독자들에게까지 읽힌다니 감격스러웠다. 그만큼 점차로 팔레스타인 문제가 한국뿐 아니라 많은 나라에서 이슈가 되고 있다는 증거가 아닐까? 부족하나마 이 책을 통해 팔레스타인의 뼈아픈 역사가 그곳의 독자들에게도 전달되기를 바란다.

6. 다시, 팔레스타인을 고민한다

1991년, 대학에 갓 입학한 나는 '민족사연구회'라는 역사 동아리에 가입하고 활동했다. 학과 공부보다는 동아리실에서 책을 읽고 토론하는 시간이 많았고 길거리에서 최루탄을 뒤집어쓰고 눈물 흘리는 날이 많았다.

그해 뜨거웠던 5월 어느 날, '둔'이란 필명으로 동아리 일지에 만화를 그리고 후배들을 챙겨주던 한 선배가 공안정국 종식을 외치며 스스로의 몸을 불살랐다.

선배, 동료, 후배 들은 그를 '천세용 열사'라 기억한다.

아마도 그가 살아 있다면 훌륭한 만화가가 되었을지 모른다. 재기 넘치던 일지 속의 만화들, 학교 신문에 연재하던 날카로운 만평을 아직도 기억하고 있다. 뒤이어 나도 학교 신문에 만평을 연재했지만 선배의 만화에 비하면 부끄럽고 형편없는 수준이었다.

팔레스타인 역사 만화를 그리는 5년 동안 나는 과거의 나를 다시 만났다. 팔레스타인의 인티파다는 고등학교 때 종로 거리에서 마주친 6월 항쟁의 물결이었고, 스스로 대열에 참가한 1991년의 봄, 민주화 운동의 현장이었다.

팔레스타인 만화를 끝내는 지금, 천세용 열사가 많이 생각난다. 그가 그리도 원하던 내일의 삶을 내가 살고 있고, 그가 그리고 싶어 하던 만화를 내가 그리고 있다. 한국에서 열사라 불리는 그가 만약 팔레스타인 땅에서 태어났다면 순교자라고 불렸겠지.

마감이 가까워올수록 팔레스타인 역사가 더 이상 남의 나라 이야기가 아니라는 사실을 깨달았다. 현재 팔레스타인의 역사는 여실히 대한민국의 근대사일 뿐 아니라, 온갖 힘의 논리에 기본 권리를 빼앗긴 모든 이, 모든 나라의 역사다. 그 역사들 가운데 이제야 막 한 가지를 이 만화에 담아냈을 뿐이다.

머지않은 시일에 팔레스타인을 방문할 예정이다.

팔레스타인을 다녀와서 애초에 그리려 했던 또 하나의 팔레스타인 이야기를 새롭게 시작할 것이다.

2013년 4월
원혜진

감수자의 글

팔레스타인 문제의 핵심은 '점령'이다

2012년 11월 14일, 하마스 고위 관료의 표적 암살을 시작으로 이스라엘이 또다시 가자 지구에 대규모 공습을 단행했을 때, 하마스가 가자 지구 주민들을 '인간 방패'로 쓰고 있다는 게 사실이냐는 질문을 받았다. 같은 얘기가 1,400여 명이 학살당한 2008~2009년 가자 공습 때에도 있었지만, 침공을 조사한 유엔 진상 조사단은 하마스가 인간 방패를 사용했다는 증거를 찾지 못했다고 보고했다(Goldstone Report). 오히려 조사단은 이스라엘이 지상전 동안 팔레스타인인을 인간 방패로 사용했다는 조사 결과에 보고서의 한 절을 할애하고 있다.

어떻게 학살자가 아닌 학살당하는 측의 특정 정치 세력이 자신들의 주민을 인간 방패로 썼다는 혐의를 받게 됐을까?

팔레스타인에서 특정 정당의 고위 관료들이 암살당하고, 그 정당이 외국 군대의 침략 전쟁 중에 자신들의 주민을 인간 방패로 사용한다는 흑색선전에 시달리고, 상대국 민간인에 대한 '테러 공격'을 단행했다고 미디어에 집중 보도되는 동안 항상 간과되는 것이 있다. 팔레스타인이 이스라엘에 점령당하고 있다는 사실이다.

한국과 이스라엘의 교류를 도모하는 이들은 양국의 공통점을 즐겨 강조한다. 한국과 이스라엘은 비슷한 시기에 건국됐다. 양국은 영토가 좁고 자원이 부족하지만 비교적 경제 성장에 성공한 편이다. 첨단 기술과 군수 산업이 발전했으며, 주변국들과의 군사적 긴장 속에 징병제를 채택하고 있다.

　이러한 공통점을 압도하는 한국과 팔레스타인의 공통점이 있다. 오랫동안 외세에 점령당하고 식민 통치를 받으며 평범한 사람들의 의지와 무관하게 전쟁에 휘말린 경험 말이다. 1948년 이스라엘 건국의 배경에는 1923년 시작된 영국의 팔레스타인 위임 통치, 즉 대영 제국에 의한 식민 지배가 있었다. 같은 시기, 영국과 동맹 관계에 있던 일제는 조선을 점령하고 있었다. 일제의 패망으로 조선의 식민 통치가 종식되었을 때, 영국도 팔레스타인에서 철수하며 팔레스타인 문제를 유엔에 이관하였다. 그러나 팔레스타인에는 새로운 점령자들이 들어선다. 영국 다음엔 이집트와 요르단이 각각 가자 지구와 서안 지구를, 1967년 3차 중동전쟁(6일전쟁) 이후엔 이스라엘이 동예루살렘을 포함한 팔레스타인 전역을 점령한 것이다. 그리고 이스라엘의 점령과 식민화는 지금까지도 계속되고 있다.
　식민 통치를 직접 겪지 않은 대다수의 한국인도 일제가 한반도를 점령했듯 이스라엘이 팔레스타인을 점령하고 있다는 얘기를 들으면 어떤 상황인지 쉽게 이해한다. 조선이 일본을 침략한 게 아니듯 팔레스타인도 이스라엘을 침략한 게 아니다. 조선의 항일 운동이 정당한 만큼 팔레스타인의 저항 운동도 정당하다. 한국인은 윤봉길, 안중근 의사의 독립 운동 투쟁을 배우며 자란다. 이들의 항일 저항 행동을 의거라 칭하며 애국적 희생을 높이 기리면서, 같은 조건에서 같은 행동을 하는 팔레스타인인들을 테러리스트라 부를 수 있는가. 조선 독립 운동가들의 항일 투쟁에서 살해당한 일본의 민간인이 없으리라 상상할 수 없다.

　다시 하마스의 문제로 돌아가 보자. 하마스는 선거를 통해 집권한 팔레스타인의 정당이다. 한국의 새누리당이나 민주당이 선거를 통해 집권하는 것과 같다. 사실 이스라엘과 미국이 하마스를 테러 집단으로 지정하고 미디어에서 이를 반복적으로 읊어대는 통에 하마스가 팔레스타인의 투쟁을 과잉 대표하며 비난받는 면이 없지 않다. 하마스의 투쟁은 다양한 결을 가진 팔레스타인 전체 투쟁의 일부일 뿐이며, 무장 투쟁이 하마스의 전부도 아니고 하마스만의 전유물도 아니다. 팔레스타인 투쟁사에는 이슬람 정치 세력보다 오히려 세속주의 정치 세력이 다수를 점하며, 민족주의 세력, 범아랍주의 세력, 공산주의 세력 등 다양한 노선을 가진 이들이 서로 이데올로기를 경쟁하고 때로 협력하며 이스라엘에 맞서왔다. 또 무장 투쟁만이 아니라 1987년 인티파다(민중 항쟁)부터 현재의 BDS 캠페인(Boycott, Divestment and Sanction, 이스라엘에 대한 보이콧·투자 철수·경제 제재)에 이르기까지 대중적 비폭력 투쟁도 활발하게 전개되어왔다. 실패로 귀결되고 부패로 얼룩졌으나 서방에서 제안하는 '평화 협상'을 수차례 주도한 세력도 있다. 다양한 세력과 저항 노선 중 유독 한국인이 하마스를 기억할 만큼 하마스에 시선이 집중되는 이유는 하마스가 이스라엘의 점령과 침략을 합리화하기에 딱 좋은 '이슬람 근본주의' 세력이기 때문이다. 이슬람 근본주의 세력이라는 딱지 붙이기는 64년간의 점령과 학살을 효과적으로 지우고 파괴적이고 일탈적인 테러리스트와 그에 맞설 이스라엘의 당위를 만들어낸다.

이스라엘의 팔레스타인 점령과 식민화를 대등한 당사자 간 분쟁으로 덧칠하고 때때로 스스로를 피해자화하는 이스라엘의 시도는 꽤나 성공적이다. 미국은 말할 것도 없이, 유럽의 정부들도 홀로코스트를 핑계로 이스라엘의 '자기 방어' 행위를 막을 수 없다며 팔레스타인 점령 문제를 방관한다. 한국 정부도 팔레스타인 문제를 '사태'나 '분쟁'이라 부를 뿐 '점령'이라 부르지 않는다. 한창 서방 언론이 팔레스타인의 '자살 폭탄 공격'을 집중 보도하고 이스라엘이 이를 빌미로 불법적으로 분리 장벽을 건설할 때, 한국 언론은 한 술 더 떠 이를 자살 폭탄 '테러'라고 부르며 은연중에 이스라엘의 점령을 정당화하는 데에 일조하기도 했다.

책에서 묘사되듯 이스라엘은 민·군 차원에서 일상적으로 팔레스타인인을 괴롭히고, 살해하고, 강탈하며 소규모 군사 공격을 일삼다가 저항 세력이 반격하면 이를 구실로 대규모 군사 작전을 전개한다. 이스라엘은 유엔 인권위원회의 결의안을 통해 인권 침해 문제로 가장 많은 규탄을 받은 나라이며, 유엔을 비롯한 각종 국제기구로부터 제네바 협약 등 온갖 국제법에 대한 위반과 전쟁 범죄 행위를 수없이 많이 규탄받아왔다. 그 무수한 결의안과 보고서를 두고도 이스라엘의 팔레스타인 점령과 식민화를 부정하기는 불가능하다(그러나 이스라엘과 미국은 이스라엘을 향한 국제 사회의 규탄이 부당하다고 주장한다. 미국은 이스라엘의 전쟁 범죄를 조사하고 규탄하는 모든 결의안과 보고서 채택에 한 번도 동의한 적이 없다).

공인된 일방적 폭력 상황에 대해 마치 이스라엘과 팔레스타인이 점령 문제 발생에 원인을 같이하며 책임을 나눈다는 듯 동일하게 비난하는 것은 무의미하다. 그렇다고 팔레스타인의 저항 세력이 항상 정당하다는 것은 아니다. 비단 하마스만이 아니라 또한 팔레스타인만이 아니라, 투쟁하는 세력들이 대의를 갖는다 해서 오류를 범하지 않거나 문제가 없다고 말하기는 어렵다. 비무장 민간인에 대한 공격은 어떤 말로도 정당화될 수 없다. 몇 년 전 팔레스타인에 연대하는 국제 활동가가 팔레스타인의 세속화에 반대하는 이들에게 살해당한 일도 있었다. 잘못이 없다는 게 아니다. 이런 행위들은 비난받아 마땅하다.

다만 문제의 핵심에는 1967년 이래 반세기간의 이스라엘의 팔레스타인 점령과 식민화가 놓여 있다. 이것을 빼놓고는 어떤 문제도 얘기할 수 없다. 2006년 이스라엘의 가자 봉쇄 후 그동안 로켓, 박격포 등에 의해 이스라엘인 50여 명이 사망한 것이 정당하다는 것이 아니다. 애초에 이스라엘의 점령과 침공이 없었다면 하마스의 로켓 발사도, 연대하러 온 활동가가 살해당하는 일도 없다는 말이다.

주어진 사안을 균형 있게 바라본다는 것은 낱낱의 행위들에 같은 값을 매겨 저울질하는 것이 아니라 각 행위들이 일어난 맥락과 근본적 원인을 이해하는 데서부터 시작한다. 이러한 균형 잡힌 이해를 갖는 데에 이 책을 읽는 것은 도움이 될 것이다.

작가는 팔레스타인의 고대사가 침묵당한 원인만이 아니라 유대인의 고대사도 세세히 살펴본다. 또한 유대인의 디아스포라와 억울하게 박해당한 역사도 충실히 묘사한다. 이스라엘을 절대악으로 묘사하는 손쉬운 유혹에 빠지지 않고 이스라엘이 팔레스타인 땅에 대한 권리 주장의 근거로 즐겨 사용하는 사건들을 충실히 재구성한 것이다. 하지만 박해의 역사도 이스라엘이 팔레스타인을 점령하고 피해자에서 가해자로 전환되는 것을 정당화하지 못한다. 더군다나 그 새로운 피해자들이 이전의 가해자가 아닌 엉뚱한 사람들일 때에는 말이다. 오히려 작가가 찾아낸 진실에는 홀로코스트의 비극이 아니라 이를 명분 삼아 인종 청소를 단행하고 이스라엘 국가를 세우려는 시오니즘의 계획이 있을 뿐이다.

작가는 시오니즘과 이스라엘 국가, 그리고 이스라엘 시민을 한통속으로 엮지 않는 미덕도 보여준다. 책에는 이스라엘의 병역 거부자 운동 등 팔레스타인에 연대하는 이스라엘의 다른 목소리들이 등장한다. 굉장히 중요한 지점이다. 이스라엘의 만행이 있을 때마다 팔레스타인 연대 운동에 동조한답시고 나치가 유대인을 전부 학살하지 못한 게 잘못이라는 끔찍한 얘기를 하는 사람들이 있다. 이들이 이 책을 꼭 읽어보길 바란다. 당신들의 손쉬운 일회성 비난과 달리 공존을 위해 하루하루 노력하는 사람들이 이 책에 있다. 시오니즘과 그에 기반한 이스라엘 국가가 저지르는 일을 이스라엘 시민과 등치해서는 안 된다. 아마도 자신의 의견과 반대되는 정책을 실행하는 정부를 가져본 일이 있는 사람은 이해할 수 있을 것이다. 문제 해결에 중요한 것은 이스라엘의 평화 운동을 지지하고 운동이 확산될 수 있도록 연대하는 것이지 이스라엘 시민을 부정하고 배제하는 것이 아니다.

게다가 한국인이 뒷짐 지고 관람자의 자격으로 이스라엘을 비난할 수 있다면 좋겠지만 실상은 전혀 그렇지 않다. 단지 식민 통치를 받은 역사를 공유하기 때문이 아니다. 오히려 이스라엘의 점령과 식민화 정책에 한국 정부와 기업이 상당 부분 공모하고 있기 때문이다.

한국은 팔레스타인 문제와 관련한 유엔 결의안 채택 시 중요한 사안에 다수 기권함으로써 간접적으로 입장을 드러내왔다. 한국이 기권한 결의안 중에는 2008~2009년 초에 자행된 이스라엘의 가자 침공에 대한 유엔 진상 조사단 파견 결의안과 그에 따라 작성된 〈골드스턴 보고서〉에 대한 결의안이 포함된다. 이런 기권은 이스라엘의 점령을 언급하지 않고 이스라엘의 침공을 양자의 교전 상태로 이해하는 것과 궤를 같이 하는데, '중립'이라는 것이 누구의 이익에 봉사하는지 잘 드러내는 일례이기도 하다.

더욱 구체적으로는 한국과 이스라엘 사이 엄청난 양의 무기 교류가 매년 증가하고 있음을 들 수 있다. 양국은 주요 무기 생산국이지만, 한국은 대(對)이스라엘 수출량보다 수입량이 압도적으로 많다. 2008년 무렵부터는 이스라엘이 미국을 대체하여 한국의 주요 무기 공급원이 될 것이라는 관측이 나오고 있다. 2012년 가자 공습 때에는 한국 언론들이 이스라엘의 '아이언 돔'이라는 무기의 성능에 대해 앞다투어 보도했다. 한국이 구매를 검토하는 시점에 아이언 돔의 요격 장면이 뉴스를 수놓는 것은 가자 지구를 테스트베드 삼아 무기를 선전한다는 우려를 낳기 충분했다. 한국은 여전히 아이언 돔 구매를 검토하고 있다.

한국 기업들은 이스라엘의 점령 정책에도 직접 연루되어 있다. 두산의 장비들이 점령촌 건설과 유지에 운용되고 있으며, 현대의 중장비가 동예루살렘을 포함한 점령지에서 팔레스타인인의 가옥을 부수는 데에 사용되고 있다. 한-이 기업들의 협업을 지원하는 한국·이스라엘 산업연구개발재단은 점령에 직접 사용되는 군수품을 개발하는 이스라엘 기업들과의 여러 프로젝트를 후원하고 있다.

2013년 새 정부 들어서는 한국과 이스라엘의 관계가 훨씬 심화될 것으로 보인다. 박근혜 정부의 기조인 '창조 경제'는 이스라엘을 모델로 한다. 이스라엘의 학술 기관과 기업과 군대는 상호 순환하며 거대한 군산 복합체를 이루고, 이스라엘의 핵심 산업에는 팔레스타인인을 향해 직접 사용되는 첨단 무기 개발 산업이 자리하고 있다.

고도로 군과 밀착한 이스라엘의 경제를 모델 삼아 북한의 위협을 빌미로 한국 사회의 군사화를 더욱 강화하려는 저간의 움직임도 포착된다. 벌써 많은 기업이 이스라엘의 창조 경제를 배운다며 이스라엘을 방문하고 이스라엘의 경제 인사들을 초빙하고 있다. 몇 년간 끌어온 협상 끝에 올해 예정된 한−이 FTA의 체결도 양국 관계 심화에 한 몫할 것이다. 이스라엘과 맺은 관계는, 더구나 군과 밀착한 이스라엘 경제를 모델로 삼는 것은 한국을 이스라엘의 팔레스타인 점령, 식민화와 인권 침해에의 공모국으로 만들며, 한국 사회의 군사화에 이바지한다.

작년 11월 29일 유엔 총회가 팔레스타인을 '팔레스타인 국가(State of Palestine)'로 승격하고 아랍의 봄 와중에 팔레스타인 양대 정당 파타와 하마스가 화해를 결의하는 등 팔레스타인 상황은 일견 급물결을 타고 있는 듯 보인다. 하지만 강고한 이스라엘의 점령과 식민화는 큰 타격을 받은 것 같지 않다. 팔레스타인의 저항, 이스라엘 민중의 점령 반대와 더불어 국제적 연대가 필요하다. 특히 한국 시민들이 팔레스타인−이스라엘−한국의 관계를 면밀히 살피며 국내 사안과 연계하여 연대할 것이 요청된다. 책에서 진이 느끼듯 팔레스타인의 역사에는 한국사를 떠올리게 하는 지점들이 있다. 팔레스타인 역사에 한국이 점령자의 공모자로 더 이상 기록되지 않으려면 한국 시민들이 한국 정부와 기업에 책임을 물어 그들의 공모 행위를 중지시키고, 이스라엘에 조응하여 한국 사회를 군사화하려는 시도를 막아내야 한다.

2013년 4월
덩야핑 (팔레스타인평화연대 활동가)